# 페미니스트
# 99

# 페미니스트 99

The Little Book of Feminist Saints

세상을 바꾼
위대한 여성들의
인명사전

**줄리아 피어폰트 글**
**만지트 타프 그림**
**정해영 옮김**

우리를 키운 여성들에게,
그리고 우리와 함께
여성이 된 친구들에게 바칩니다.

# 차례

## 들어가며

내가 여자아이가 아니라 그저 어린이였던, 여자가 아니라 인간이었던 적이 있는지 모르겠다. 엄마는 내게 남자아이와 여자아이에 대한 이야기를 해 주었는데, 그것은 내게 묵직한 비유로 자리 잡았다.

네 살이 되던 해 여름이었다. 나는 당시 '마법에 걸린 나이'라는 유치원에 다녔다. 우리 반은 부모님을 동반하고 놀이터에 나가서 피터 팬 놀이를 했다. 머리가 길고 검었던 우리 엄마는 후크 선장 역할을 맡았다. 놀이가 시작되자 남자아이들은 엄마를 둘러싸고 짧은 팔을 최대한 높이 들어 올려 엄마를 찰싹찰싹 때렸다. 여자아이들은 "나 잡아 봐라! 나 잡아 봐라!" 하고 소리치며 도망을 다녔다. 마침 그 시절에 엄마는 꼬박꼬박 일기를 썼던 터여서, 나는 나중에 엄마에게 그날의 기록을 찾아봐 달라고 부탁했다. "여자아이들은 나를 놀리며 자기를 잡도록 유도했다. 반면 남자아이들은 나를 때리고 공격하고 깨물었다." 도대체 왜 이런 상황이 된 거지? 엄마도 의아해했다. 엄마는 1970년대에 대학에 다녔고, 자기 일이 있었으며, 전통적인 성 역할의 장벽을 무너뜨리기 위해 싸운 여성들의 세대에 속했다. 어쨌거나 그 장벽에 틈새가 벌어진 것이다.

이 책은 자신에게 부과된 역할을 보란 듯이 비웃어 넘긴 여성들에 관한 책이다. 만일 그들이 없었다면 이 세상은 지금보다 훨씬 엉망이 되었을 것이다. 100명의 여성으로 구성된 우리의 목록은 결코 완전한 목록이 아니다. 편집자인 케이틀린 매켄나와 나는 우리에게 영감을 주고 도전 정신을 심어 준 몇몇 여성들의 이름을 수집하는 것으로 시작했다. 그런 다음 다양한 외부인에게 추천을 부탁했다. 오스틴에 사는 내 친구 제니퍼는 흑인 여성으로는 최초로 미국 의회에 당선된 셜리 치좀을 추천하며 이렇게 말했다. "그녀는 배짱 있는 사람이어서 선거 운동 배지에 '준비됐든 안 됐든, 치좀(CHISHOLM: READY OR NOT)'이라는 구호를 썼거든." 제니퍼 라이스는 또 '모든 직책에 여성을 임명한' 45대 텍사스 주지사 앤 리처즈도 추천했다. 일러스트레이터로 우리의 배에 승선한 만지트 타프는 일본의 설치미술가 쿠사마 야요이와 동성애 인권 활동가인 마샤 P. 존슨을 후보로 추천했다. 한편 케이틀린은 출판사 랜덤하우스에 있는 동료와 친구 들에게 다양한 이름을 추천받았다. 캐서린 헵번은 다섯 명, 마리 퀴리는 여덟 명에게 추천을 받은 인물들이다. 이름이 400개까지 불어나자, 우리는 내키지 않지만 이름들을 추리는 작업을 시작했다. 목록에 남은 100명은 멀게는 기원전 630년에 태어난 그리스 시인 사포에서부터 가깝게는 1997년에 태어난 파키스탄 활동가 말랄라 유사프자이에 이르기까지 다양한 시대에 활동한 전 세계의 여성들이다.

이 책에 포함된 여성들은 저마다 종교가 다르고 아예 종교가 없는 여성도 있다. 그런데 왜 이 책의 제목이 『페미니스트 성인들에 관한 작은 책』*일까? 이 발상은 사람들이 일 년 내내 매일 영감을 얻는 원천으로 읽을 수 있는 가톨릭 '성인력'에서 나왔다. 이 책에 포함된 각각의 여성에게는 저마다의 축일이 정해졌다. 예를 들어 바나나를 허리에 주렁주렁 매달아 만든 짧은 치마를 입은 댄서 조세핀 베이커에 대한 내용은 그녀의 출생일인 6월 3일에 읽을 수 있다. 한편 밸런타인데이에는 사포와 그녀가 쓴 욕망에 관한 시를 기린다. 5월 20일은 1932년의 그날 홀로 대서양 횡단 비행을 시작한 어밀리아 에어하트를 위한 날이다. 전통적인 가톨릭 성인력에는 복잡한 뒷이야기가 숨겨져 있다. 나는 전에 가톨릭 국가였던 영국의 개신교도 통치자였던 엘리자베스 I세에 관한 자료를 읽다가 우연히 성인력과 관련된 일화를 발견했다. 세인트폴 대성당의 주임사제가 성자들의 그림이 포함된 기도서를 여왕에게 선물로 주었을 때, 그녀는 이를 거절하며 말했다. "짐이 우상 숭배라면 질색하는 걸 모르시오?" 이 책에 포함된 모든 여성이 그들의 삶을 우상화할 만큼 가치 있는 업적을 쌓았다고 주장할 생각은 없다. 그러니 이 책을 그냥 페미니스트 성인들에

---

\*  이 책의 원제는 『The little book of feminist saints』이다.

관한 작고 세속적인 책이라고 생각하자.

나는 이 책의 항목들을 짧은 전기, 다시 말해 온라인에서 쉽게 찾을 수 있는 각 여성들의 삶에 관한 요약으로 쓰지 않았다. 그보다는 오히려 날마다 조사를 하면서 그날 밤 친구에게 들려주고 싶은 생생한 일화에 초점을 맞추려 했다. 그 과정에서 이 책에 포함된 여성들 간의 연관성도 드러나기 시작했다. 어떤 연관성은 간접적이다. 예를 들어 1893년 시카고 세계박람회가 열렸을 때 내부에서 메리 카사트의 페미니스트 벽화 「현대 여성」이 파문을 일으키는 동안, 박람회장 밖에서는 아이다 B. 웰스가 아프리카계 미국인 사회를 배제시킨 박람회에 대한 참가 거부 운동을 벌이고 있었다. 또한 시간이 흐르면서 세계가 점점 작아짐에 따라, 여성들 사이의 직접적인 지지 사례도 있었다. 1972년 글로리아 스타이넘이 잡지 《미즈》를 창간하면서 '우리는 낙태를 한 적이 있다.'라는 제목의 탄원서를 실었을 때, 서명에 참여한 53인 중에 빌리 진 킹도 있었다. 그리고 '브라운 대 교육위원회(Brown vs Board of Education)' 사건 판결*
이후 1960년 백인들만 다니던 루이지애나 학교에서

---

* 　1952년 캔자스 주의 올리버 브라운이 '동등한 시설을 갖추었을 경우 백인과 흑인 아이들을 서로 분리해서 교육하는 것이 가능하다'는 인종 차별적 판결에 이의를 제기했고, 1954년 연방 대법원은 기존의 공립 학교의 인종 분리 정책을 파기하는 판결을 내렸다.

최초의 아프리카계 미국인 학생이 된 루비 브리지스가 그로부터 36년 후 1학년 때의 교사와 재회했는데, 이 재회는 '미디어의 여왕'이라 불리는 오프라 윈프리의 토크쇼에서 이루어졌다.

앞에서 언급한 엄마의 일기보다 한 달 앞서 쓰인 또 다른 일기가 있다. 그날은 2월 치고는 이례적으로 따뜻한 날이었고, 우리는 그날도 학교 운동장에서 피터 팬 놀이를 하고 있었다. 엄마는 이렇게 기록했다. "나는 후크 선장이었다. 줄리아는 마이클과 존, 가브리엘라는 악어, 린제이는 웬디, 그리고 거기서 가장 작은 안토니아가 피터 팬이었다." 이 일기에서 엄마가 꼼꼼하게 기록한 배역 이외에 주목할 만한 한 가지 사실은 그날 그 집단에 남자아이가 없었고, 우리 여자아이들은 마치 물 흐르듯 자연스럽게 우리에게 주어진 새로운 공간을 메웠다는 사실이다. 이 책에 등장하는 여성들은 많은 경우 자신에게 주어지지 않은 공간을 스스로 만들고 채웠다. 그리고 많은 경우 그 공간은 아주 컸다.

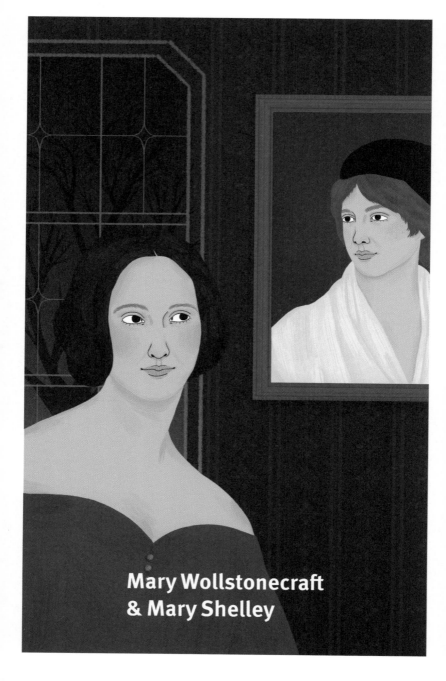

**Mary Wollstonecraft
& Mary Shelley**

# 메리 울스턴크래프트&
# 메리 셸리

**1759년, 1797년, 영국**
**축일: 8월 30일**

## 상상력의
## 수호성인

　　"사랑을 불어넣을 수 없다면, 차라리 불안을
자아내겠소. 그리고 나의 창조주이기에 나의 최대의
적이 된 당신을 향해 꺼지지 않는 증오를 맹세하오."
1818년에 발표된 고전 고딕 소설『프랑켄슈타인』에서
피조물이 창조주에게 말한다. "당신은 당신이 태어난
순간을 저주하게 될 거요." 한 문학 평론가는 이
소설을 메리 셸리가 '출산과 그로 인한 결과를 둘러싼
죄의식과 두려움, 공상의 드라마'를 마주하는 '출산
신화'로 해석한다. 출산이라는 주제는 저자에게
불편한 주제였다.『프랑켄슈타인』을 쓰기 시작하기
1년 전인 열여덟 살에 그녀는 예정보다 2개월 일찍
태어난 어린 딸을 잃었다. 또한 메리 셸리의 어머니인
메리 울스턴크래프트는 그녀를 출산하고 열하루 만에
산욕열로 사망했다. 울스턴크래프트 역시 작가였다.
1787년에 발표된『딸 교육에 관한 생각』은 '자식을

돌보는 것이 모든 이성적인 존재의 의무'라는 주장으로
시작한다. 그녀는 「여성의 권리에 대한 지지」에서
여성 교육의 중요성을 주장하며, "어려서부터
아름다움은 여성의 특권이라는 가르침에 세뇌된
정신이 육체 속에서 형성되고, 금박 입힌 새장 안을
어슬렁거리며 감옥을 아름답게 치장할 궁리만 하게
된다."라고 썼다.(그녀는 수십 년 뒤에 자신의 딸이 이와
비슷한 피조물을 상상해 내리라는 것을 알지 못했다.
프랑켄슈타인의 괴물과 마찬가지로 여성들은 자신의
외모에 갇혀 산다.) 울스턴크래프트는 자신의 딸이
어떤 여성으로 자라는지 지켜보지 못했지만, 자신의
딸과 세상의 모든 딸들이 이전 세대의 여성들보다 더
큰 기회를 누리며 성장할 수 있도록 만들기 위해 평생
최선을 다했다.

# 시몬 드 보부아르

**1908년, 프랑스**
**축일: 5월 24일**

## 철학의
## 수호성인

베티 프리단*이 시몬 드 보부아르를 만나러
파리에 갔을 때, 그녀는 '문화적 영웅을 직접 만나는
짜릿함'을 느꼈다. 그러나 보부아르의 저작이
프리단에게 지대한 영향을 미쳤음에도 두 여인은
서로 의견 일치를 보는 데는 실패했다. 보부아르는
프리단에게 말했다. "여자에게는 태어나자마자
어머니의 소명이 주어지죠. 사회가 정말로 원하는 건
그녀가 접시를 닦는 것이기 때문이에요……. 만일
그녀가 태어날 때부터 당연히 아이를 낳아야 한다고
생각하도록 길들여진다면 스무 살이 되어서는 더
이상 선택의 여지가 없어지죠." 프리단은 대답했다.
"당신은 지식인 사회에서 유일한 여성이었어요. 이제
사회는 조금 달라졌지요." 그녀는 계속 말을 이어 갔다.

* 1921~2006. 미국의 사회운동가, 페미니스트.

Simone de Beauvoir

"당신 세대에는…… 어쩌면 어떤 것과 다른 것 사이에 하나만 선택할 필요가 있지 않았을까요?" 보부아르는 마지못해 인정했다. "나는 글을 쓰고 싶었기 때문에 아이를 낳을 수 없다고 생각했어요. 그런데 우리는 주제를 벗어나고 있네요."

『제2의 성』을 읽은 현대 독자들은 프리단이 그랬듯이 보부아르의 극단주의가 꺼려질 것이다. 보부아르는 태아를 '기생충'에 비유하고 부부애를 '집착과 원망, 증오, 규칙, 체념, 나태, 위선'이 혼합된 것으로 묘사한다. 그러나 프리단에게 그것은 '중요하지 않았다.' "그녀는 내가 지금 걷고 있는 길로 나아가도록 시동을 걸어 주었다." 주디스 서먼은 『제2의 성』을 새로 번역한 후 서문에 이렇게 썼다. "이 제목이 '블루머'*만큼이나 기묘하고 예스럽게 느껴질 젊은 페미니스트에게 『제2의 성』을 감상하는 가장 좋은 방식은 보부아르가 그것을 쓸 때 가졌을 마음으로 읽는 것이라고 제안하고 싶다. 다시 말해 모든 면에서 독립적인 여성이 되려는 진정한 희망에 관한 깊고 시급한 개인적 명상으로 읽는 것이다. 그녀도 잘 알게 되겠지만, 그것은 여전히 많은 여성에게 잡힐 듯 잡히지 않는 희망이다.

* 예전에 여자들이 운동을 할 때 입던 고무줄을 넣은 반바지로, 여성복을 간소하게 하자는 취지에서 어밀리아 블루머가 처음 만들었다.

Jane
Austen

# 제인 오스틴

1775년, 영국

축일: 12월 16일

## 아이러니의
## 수호성인

나는 사람들이 너무 상냥하지 않으면 좋겠다.
그래야 내가 그들을 너무 좋아해 버리는 문제를
피할 수 있기 때문이다. **제인 오스틴**

제인 오스틴은 못되게 구는 방법을 알았다.
지금까지 남아 있는 그녀의 편지는 극히 소수에
불과하다. 그녀의 사후에 가족들이 눈물을 머금고
지나치게 솔직담백해 보이는 발언을 삭제했기
때문이다. 당시로서도, 그리고 최근 몇 년 전만
해도 왜 그런지 모르지만, 어쩐 일인지 오스틴을
좋아한다고 공언하는 것은 자신은 낭만주의자라고
공언하는 것과 거의 마찬가지였다. 지난 IO, 20여
년 동안에는 오스틴의 작품에 대한 직접적 각색뿐
아니라, 현대적 삶을 포기하고 오스틴 소설 속의
이상적인 세계로 들어가는 것을 꿈꾸는 오스틴의

열혈 팬, 즉 '제이나이트(Janeite)'를 묘사하는 소설과
영화도 증가하는 추세다. 심지어 그녀가 살던 시대에도
오스틴은 비슷한 오해를 겪었다. 1816년에 그녀는
'다양한 사람들의 조언에 따른 소설의 구상'을 썼다.
그것은 독자들의 제안에 따라 쓴 '이상적인 소설'의
짧은 패러디였다. 그 소설에서는 '착하고 상냥하고
다정다감한 데다 재치까지 겸비한 완전무결한'
여주인공이 '순전히 지나친 교양 때문에 그녀에게
구애하지 못하는' 남주인공을 만난다. 나중에는 병든
성직자인 여주인공의 아버지가 '가엾은 자식에게
네다섯 시간에 걸친 애정 어린 조언과 부모로서의
훈계를 한 뒤 아름다운 문학적 표현을 열정적으로
쏟아내며 숨을 거둔다.'

　　조카에게 보낸 남아 있는 몇 안 되는 편지 중
하나에서 오스틴은 이렇게 썼다. "너도 알다시피,
완벽함을 그리는 건 내 취향이 아니야."

# 넬리 블라이

**1864년, 미국**
**축일: 5월 5일**

## 언론인의
## 수호성인

어떤 여자는 다른 남자를 좋아한다는 이유로
남편에 의해 이곳에 수용되었고, 또 다른 여인의
말에 따르면 구호 신청을 한 빈민들이 모두 이곳으로
보내지기도 한다고 했다. 이렇게 1,600명의
여성 —— "불구이거나 눈이 멀거나, 늙거나 젊거나,
못생기거나 예쁜, 가련한 인간 군상" —— 이 블랙웰
아일랜드* 정신병원에 수용되어 있었고, 스물세
살의 탐사 보도 전문 기자 넬리 블라이는 그곳을
파헤치기로 결심했다. 블라이는 무엇보다 쥘
베른의 모험 소설 『80일간의 세계 일주』를 실행에
옮긴 '72일간의 세계 일주'로 유명하지만, 그녀가
언론에 처음으로 크게 기여한 것은 「정신병원에서의
열흘」이었다. 일부러 별난 행동을 해서 정신병원에

---

\*    뉴욕 시 맨해튼과 퀸즈 사이의 이스트 강 중간에 위치한 섬. 현
재는 루스벨트 아일랜드라고 부른다.

Nellie
Bly

수용되는 데 성공하자마자 블라이는 다른 환자들과 함께 벌거벗겨진 채 찬물로 목욕을 한 뒤 잠옷도 없이 덜덜 떨면서 잠을 자야 했다. 낮은 길었고 밤은 비명 소리로 가득했다. 오래 묵은 빵과 차가운 차 같은 끔찍한 음식이 나왔고 할당량을 다 먹지 못하면 체벌이 가해졌다. 가혹한 체벌은 일상이었다. 여자들은 매를 맞거나 벽장에 갇혔다. 그런 경험 자체가 인간을 미치게 만들기에 충분했다. 블라이는 이렇게 썼다. "가망 없는 정신병자들이 감금되어 있는 천장이 낮은 부속 건물을 지나가다가, 벽에서 '살아 있는 동안은 희망이 있다.'라는 표어를 보았다. 그 표어의 부조리함이 내게 강하게 와 닿았다. 나는 그곳으로 통하는 출입문 너머로 '이곳에 들어오는 자 모든 희망을 버려라.'라는 문구를 써서 보여 주고 싶었다." 그러나 블라이는 그녀 스스로 어떤 희망을 가져왔다. 경험을 토대로 한 그녀의 글 덕분에 대배심 조사가 이루어진 한편 교정 당국에 대한 예산이 대폭 증가했으며, 탐사 보도 부문에 새로운 표준이 세워진 것이다.

**Emily
Dickinson**

# 에밀리 디킨슨

**1830년, 미국**

**축일: 12월 10일**

**운문의
수호성인**

나는 집에 있는 그녀를 그려 본다

마치 언제라도 잠자리에 들 준비가 된 것처럼

수수한 흰 드레스 차림으로

자물쇠 달린 서랍에

꽁꽁 감춰 둘

시를 쓰는 그녀를.

어쩌면 이것이 그녀가 우리에게 남기려 한
자신의 이미지인지도 모른다. 스물세 살 때 친구의
초대를 거절하며, 그녀는 이렇게 말했다. "내가 너무
구식이어서, 네 친구들이 전부 나를 쳐다볼 거야."
그러나 사실 에밀리 디킨슨은 부끄럼쟁이가 아니었다.
마운트 홀리요크 대학교에서 과학을 공부하던 그녀는
신께 구원받기를 거부했다. 한 교사가 기도를 했느냐고
물었을 때, 그녀는 그렇다고 대답하면서 덧붙였다.

"그래 봤자 창조주에게는 별 차이 없겠지만요." 이 일로 그녀는 '가망 없는' 부류로 분류되었다. 그리고 이 유명한 미국 여성 시인은 생전에 출판한 시가 많지 않았지만, 그래도 적극적으로 직업적 인맥을 쌓으려 했다. 그녀는 당시 《애틀랜틱 먼슬리》에 젊은 작가들에 대한 조언을 실었던 문학 평론가 토머스 웬트워스 히긴슨에게 (자신의 시 몇 편과 함께) "혹시 너무 바쁘시지 않다면 제 시에 생동감이 있는지 말씀해 주실 수 있으신가요?"라는 내용의 편지를 보냈다. 그녀의 편지는 두 사람 사이의 긴 서신 왕래로 이어졌지만, 디킨슨은 보스턴으로 와 달라는 그의 초대를 거절했다.(그녀는 "우리 아버지의 땅을 벗어나서 어느 집이나 마을에도 갈 수 없습니다."라고 대답했다.) 히긴슨은 결국 그녀를 만나러 애머스트로 왔다. 그리고 그 경험에 대해 이렇게 썼다. "내 진을 그렇게 쏙 빼놓는 사람을 한 번도 만난 적이 없다. 아무 접촉도 전혀 없이 나를 기진맥진하게 만들었다. 그녀 가까이에 살지 않아서 다행이다."

# 버지니아 울프

**1882년, 영국**
**축일: 1월 25일**

## 작가들의
## 수호성인

상쾌한 10월의 아침 '옥스브리지'*에서 한 여성이
잔디밭을 걷고 있다. 그녀는 어떤 흥미로운 생각이
떠올라 깊은 사색에 잠겨 있다. 그때 한 남자가 그녀를
가로막더니 학자들만이 잔디밭을 걸을 수 있으며
여자들은 자갈밭을 걸어야 한다고 말한다. 여자는 그의
말을 따르고 남자는 가던 길을 간다. 짧은 순간이었지만
여자는 생각의 끈을 놓쳐 버린다. 그녀는 새커리**의
원고를 읽기 위해 학교 도서관으로 간다. 그러나 도서관
문을 열자 또 다른 남자가 그녀를 가로막으며 여성은
남성을 동반하지 않고서는 입장할 수 없다고 말한다.
이 연속적인 거부는 여성과 소설이라는 두 가지 '풀리지
않은 문제'를 고찰한 페미니스트 강연문 『자기만의
방』을 쓰는 데 영감을 주었고, 또한 그 책의 도입부가

*      옥스퍼드 대학교와 케임브리지 대학교를 함께 일컫는 말.
**    1811~1863. 영국의 소설가.

Virginia
Woolf

되었다. 남편 레너드와 함께 호가스 프레스라는 출판사를 운영한 버지니아 울프는 예술적 자유를 가진 여성으로서 자신이 누리는 독특한 특권을 인식하고 "나는 영국에서 쓰고 싶은 것을 쓸 자유를 누리는 유일한 여자다."라고 썼다. 울프의 가장 힘든 싸움 상대는 바로 자신의 정신이었고, 정신 질환은 결국 그녀가 60세에 이르기 전에 스스로 목숨을 끊도록 몰고 갔다. 전기 작가 허마이오니 리는 이렇게 썼다. "우리가 버지니아 울프의 정신 질환의 원인이 무엇이었는지 확인할 수는 없을 것이다. 우리는 정신 질환이 그녀에게 무슨 짓을 했는지, 그로 인해 그녀가 무엇을 했는지 볼 수 있을 뿐이다. 분명한 것은 평생 그녀가 위태로운 상태에서 살았다는 것이며, 그런 상태에 직면해 거기에서 뭔가를 만들어 내는 언어를 창조했다는 점이다." 그녀의 일기는 항상 열정적으로 일하는 정신을 보여 준다. 『등대로』를 쓰고 있던 1927년 울프는 일기에 이렇게 썼다. "나의 두뇌는 격렬하게 활동하고 있다. 나는 시간의 흐름, 나이와 죽음을 의식하는 것처럼 힘차게 내 책에 착수하고 싶다."

Katharine
Hepburn

# 캐서린 헵번

**1907년, 미국**
**축일: 5월 12일**

## 여배우의
## 수호성인

    1931년 뉴욕, 리 스트라스버그와 스텔라 애들러
같은 선구자들이 주축이 되어 '그룹 시어터'라는
야심찬 연극 집단이 설립되었다. 캐서린 헵번은 그룹
시어터 소속이 아니었다. 그녀는 그룹 시어터의 공개
모임에 참석했던 날을 회상했다. "나는 들으면서
생각했다. '저들은 보이지도 않게 될 거야.' 나는 그들
모두에게 내가 대스타가 될 거라고 말하고 떠났다."
(연기를 하다가 몇 차례 해고된 것을 감안하면) 젊은
헵번의 자신감은 놀라웠지만, 그녀를 할리우드의
순진한 여배우들과 구분시켜 주는 그녀만의 고유한
특징은 바로 그런 확고한 자기주장이었다. 헵번은
열심히 일하는 변호사와 열심히 일하는 운동선수,
열심히 일하는 기자처럼 주로 전문직 여성을 연기했다.
헵번은 또한 루이자 메이 올콧의 소설을 각색한 영화
「작은 아씨들」에서 말괄량이 조의 역을 연기했고,

여성인 도로시 아즈너 감독과도 긴밀하게 작업했으며
그녀와 마찬가지로 남성복을 선호했다.(영화사 RKO
픽처스가 헵번의 양복 바지에 이의를 제기하자 헵번이
속옷 바람으로 스튜디오를 누볐다는 소문이 있다.) 헵번은
이례적으로 긴 연기 경력을 자랑하는데, 그것은 그녀가
새로운 도전을 주저하지 않았기 때문이기도 했다.
그녀는 회고록에 이렇게 썼다. "우리는 인생의 강을
헤쳐 나가면서, 노를 젓지 않으면 움직일 수 없다는
것을 알게 되었다." 그녀는 62세의 나이에 코코 샤넬에
관한 뮤지컬로 브로드웨이 무대에 첫 도전(이자 유일한
도전)을 하기도 했다. 나중에 그녀는 이렇게 인정했다.
"솔직히 브로드웨이 뮤지컬을 끝까지 앉아서 관람한
기억이 없고, 내가 끝까지 노래를 부를 수 있을 거라고
생각하지도 못했다." 그리고 그녀는 토니상 후보에
올랐다.

# 마돈나

**1958년, 미국**
**축일: 8월 16일**

## 팝의
## 수호성인

레이스 코르셋 웨딩드레스에 길고 흰 장갑,
버클에 '보이 토이'라고 표시된 벨트를 하고, MTV
비디오 뮤직 어워즈에서 온몸을 비틀며 무대 위를
활보하는 1984년의 '라이크 어 버진' 마돈나가
있다. 불타는 십자가의 이미지와 백인 남자가
저지른 죄 때문에 부당하게 체포된 흑인 남자가
등장하는 비디오로 로마 교황청의 비난을 산 '라이크
어 프레이어' 마돈나가 있다. 그리고 또 「수전을
찾아서」에서 요즘 유행하는 엉뚱발랄한 4차원
캐릭터의 극단적 전신(前身) 같은 배역을 연기하며
공중화장실 핸드드라이어로 겨드랑이를 말리는
마돈나도 있다. 1992년에는 에로틱한 사진집 『섹스』를
출판한 작가 마돈나도 등장한다. 이 책은 출판 첫날
15만 부가 팔리는 기염을 토했다. 그로부터 11년 뒤
아동 도서 작가 마돈나가 나타나서 《뉴욕》으로부터

Madonna

"최초의 가학피학성 변태성욕자 문화 대사"라는 칭호를 얻는다. 2017년 워싱턴 D.C.에서의 여성 행진에서 강렬한 연설을 한 바 있는 마돈나는 30년간 제3세대 페미니즘 운동의 주요 인물이었다. 그녀는 1980년대 MTV와의 인터뷰에서 머리에 커다란 검은색 나비 리본을 단 채 손가락으로 금발 곱슬머리를 계속 꼬며 말했다. "사람들은 모두 자기 자신의 이미지를 구축하고 세상은 결국 그런 측면만을 본다고 생각해요. 모든 사람이 여러 측면을 가지고 있죠. 경력이 길어질수록 우리가 자신에 대해 더 많은 것을 노출할 수 있을 거라고 생각해요. 내 안에는 수백 가지 모습이 있는데, 지금 세상이 그중 어떤 모습을 보고 있는지 모르겠네요."

**Marie Curie &
Irène Joliot-Curie**

# 마리 퀴리&
# 이렌 졸리오-퀴리

**1867년, 폴란드**

**1897년, 프랑스**

**축일: 9월 12일**

## 과학자의
## 수호성인

　1917년 뉴저지 주 오렌지 시의 한 공장에서 스스로 빛을 내는 라듐 페인트를 이용한 손목시계를 생산하기 시작했다. 당시에는 이 공장 말고도 여러 업체에서 새로 발견된 라듐 원소의 인기를 너도나도 이용하려 했다. 약 4,000명의 여성이 시계의 숫자판을 칠했고 혀로 붓끝을 적셔 다듬는 과정에서 라듐을 섭취했다. 곧 이 여성들의 건강에 문제가 생기기 시작했다. 1920년부터 그들은 뼈암으로 사망하기 시작했다. '현대 물리학의 어머니' 마리 퀴리는 방사능 노출에 수반되는 위험을 몰랐던 게 분명하다. 미국으로 여행을 왔을 때 하딩 대통령이 납으로 싼 상자에 라듐 1그램을 넣어 그녀에게 선물했을 때도 그녀는 전혀 조심하지 않았다. 게다가 종종 라듐 병을 가운 주머니에 넣고 일하기도 했다. 그녀는 연구를 통해 노벨 물리학상을 두 차례나 수상했다. 한 번은 남편과

Ada
Lovelace

인물이 바로 이 독창적인 어린 소녀 에이다였다.) 에이다는 열일곱 살 때 어머니가 데려간 파티에서 박학다식한 찰스 배비지를 만나 스승과 제자 사이가 된다. 배비지는 최초의 수학적 컴퓨터라고 할 수 있는 해석 기관을 고안했고, 에이다는 그 기계의 해석자였다. 그녀는 수치 처리를 넘어서 문서와 이미지, 음악을 처리할 수 있는 그 기계의 잠재력을 보았고, 그것을 창조한 사람보다 발명의 의의를 분명하게 표현할 수 있었다. 이러한 성취로 인해 그녀는 최초의 컴퓨터 프로그래머라고 평가된다. 그녀는 이렇게 썼다. "상상력은 발군의 발견 능력이다. 그것은 우리 주변의 보이지 않는 세계, 과학의 세계를 꿰뚫는다."

Artemisia
Gentileschi

# 아르테미시아 젠틸레스키

**1593년, 이탈리아**
**축일: 1월 1일**

**예술가의
수호성인**

재판관은 성폭행 피해자인 그녀에게 엄지 압착기*를 쓰도록 명령했다. 그녀가 진실을 말하는지 확인한다는 구실이었다. 또한 그녀가 본인의 주장대로 정말 처녀성을 잃었는지 확인하기 위해 법정에서 부인과 검사가 이루어졌다. 수치스러운 재판은 6개월 동안 이어졌고 그 기간 동안 아르테미시아는 결코 주장을 굽히지 않았다. 아르테미시아는 아버지가 그녀의 그림 선생으로 고용한 화가 아고스티노 타시에게 성폭행을 당했다. 과거에도 성폭행 전력이 있었던 타시에게 징역 1년이 구형되었으나 그는 결국 실형을 살지 않았고, 그녀의 아버지는 아르테미시아를 조용하고 신속하게 결혼시켜 피렌체로 보냈다. 그리고 그곳에서 그녀의 진짜 인생이 시작되었다. 그녀는

* 엄지손가락을 끼우고 나사를 돌려 조이는 고문 기구.

Kanno
Sugako

# 간노 스가코

**1881년, 일본**
**축일: 1월 24일**

## 급진주의자의
## 수호성인

일어나십시오, 여성들이여! 깨어나십시오!
자본가들에 맞서 계급 제도를 무너뜨리려는 노동자들의
투쟁과 마찬가지로, 자유와 남녀평등을 향한 우리의
요구는 우리가 원한다고 해서 쉽게 얻어지지 않습니다.
우리가 목소리를 높이지 않고, 피를 흘리지 않는다면
결코 얻을 수 없을 것입니다. **간노 스가코**

처음에는 말[言]이 그녀의 무기였다.
친구들에게는 '스가'로 통했던 간노 스가코는
오사카에서 광부의 딸로 태어나 지역 신문사에서
일하던 중 애초의 발행자가 투옥된 뒤 그 신문사를
운영했다. 그녀는 이렇게 썼다. "일본 여성들은 노예
상태다. 우리는 소유물의 한 형태로 여겨진다." 정부가
신문을 폐간하려 하자, 그녀는 새로운 신문을 발행하기
시작했다. 그러던 중 1908년에 사회주의 무정부주의

Oprah

성폭행을 당한 아동 성학대의 피해자였던 것이다. 그녀는 자신이 개척한 고백적 형식의 토크쇼에서 이 사실을 직접 공개했다. 그녀는 사람들에 대해 알았고 또한 사람들에게 자신에 대해 알렸던 덕분에 청중들과 연결되어 있었다. 워싱턴 D.C.에서 윈프리의 증언 후에 위원회 의장이자 훗날 부통령이 되는 조 바이든은 그녀에게 말했다. "나는 당신이 공직에 출마 선언을 하는 날을 고대하고 있어요." 오프라의 증언이 있고 2년 뒤, 그리고 그녀가 처음 성폭행을 당한 지 30년 만인 1995년, 클린턴 대통령은 국가아동보호법에 서명했다. 사람들은 이 법을 오프라 법안이라는 별칭으로 부르고 있다.

Del Marthin &
phyllis Lyon

# 델 마틴&
# 필리스 라이언

**1921년과 1924년, 미국**
**축일: 2월 12일**

## 결혼의
## 수호성인

델과 필리스가 없었다면 우리는 결코 캘리포니아에서
평등한 결혼의 권리를 누릴 수 없었을 것이다. **낸시 펠로시**

도로시 '델' 마틴과 필리스 라이언이 처음
결혼한 것은 2004년 2월 12일이었다. 개빈 뉴섬
시장의 명령으로 허용된 샌프란시스코 최초의 동성
결혼이었다. 6개월 뒤 이 결혼은 캘리포니아 대법원에
의해 무효화되었다.

그로부터 4년 뒤 대법원이 판결을 뒤집고
캘리포니아에서 동성 결혼을 합법화하자 마틴과
라이언은 두 번째 결혼식을 올렸다. 그들은 첫 번째
결혼식 때 입었던 똑같은 바지 정장을 입었다. 이 점에
있어서도 그들은 역시 최초였다.

그때까지 두 사람은 56년 동안 연인이었다.
그들은 함께 미국 최초의 레즈비언을 위한 정치조직

'빌리티스의 딸들'을 창립하고 전국에 배포되는 최초의 레즈비언 잡지《래더》를 편찬했다. 마틴은 "우리는 교회와 정신의학, 그리고 법정과 싸웠다."고 회상했다. 그녀는 또 이렇게 썼다. "어두운 구석에 웅크리고 숨으면 아무것도 이룰 수 없다. 왜 은둔하기를 거부하고 타고난 본성을 드러내지 않는가? 타고난 본성은 그것을 당당하게 주장할 열혈 여성을 기다리고 있는데 말이다." 그들의 두 번째 결혼은 겨우 두 달 만에 끝났다. 2008년 8월에 마틴이 세상을 떠났기 때문이다. 라이언은 "나는 큰 충격에 빠졌다. 그러나 그녀가 가기 전에 궁극적인 사랑과 서약의 의식을 누릴 수 있어서 그나마 위안이 된다."고 말했다. 7년 뒤 미국 대법원이 전국에서 동성 결혼의 합법화를 선언했을 때, 당시 아흔 살이던 라이언은 이렇게 말했다. "아주 잘됐군요. 정말 다행이에요." 그녀는 웃고 또 웃었다.

# 포루그 파로흐자드

**1935년, 이란**

**축일: 2월 13일**

## 자유로운 목소리의
## 수호성인

　　　그녀는 이혼했고 성의 즐거움에 대해 썼다.
("쾌락 가득한 죄"). 그녀는 이란 여성이고 그에 따르는
억압에 관해 썼다.("당신의 권리를 추구하라, 자매여.")
그녀는 무더기로 사 놓은 값싼 종이에 끝내 출판하지도
못한 수천 편의 시를 썼다. 그 가운데 일부 작품이
출판되었고, 그녀는 이란의 실비아 플라스*라는
명성을 얻었다. 그녀는 서른둘의 나이에 자동차 사고로
요절했는데, 그녀의 연인이었던 영화감독 에브라힘
골레스탄은 50년 뒤에 이렇게 말했다. "작품 활동을
하지 않는 그녀를 본 적이 없다. 그녀는 항상 그랬다."
파로흐자드는 자신의 시를 "살기 위해 필수적인 것.
먹고 잠자고 숨 쉬는 것처럼 꼭 필요한 것"이라고
표현했다. 테헤란에서 출생한 그녀는 "여자가 되기

---

＊　　1932~1963. 서른 살의 나이로 세상을 떠난 미국의 시인.

Forugh
Farrokhzad

위해, 다시 말해서 인간이 되기 위해" 유럽으로
갔다. 그러나 그녀는 항상 고국으로 돌아왔다. 사망
당시 그녀는 테헤란에서 조지 버나드 쇼의 「세인트
존」을 페르시아어로 번역한 연극에서 주연을 맡을
계획이었다. "아무래도 나는 테헤란을 사랑한다.
테헤란은 내가 삶의 목적과 이유를 찾고…… 내가
사랑하는 짙은 노을과 흙길과 비참하고 고약하고
부패한 사람들을 찾을 수 있는 유일한 곳이다."

Sappho

# 사포

**기원전 630년, 그리스**

**축일: 2월 14일**

## 사랑하는 이의
## 수호성인

> 네 앞에 마주 앉은 남자가 누구든 간에
>
> 그는 내게 신처럼 보여 **사포**

플라톤은 그녀를 '열 번째 뮤즈'라고 부른 반면
초대교회는 그녀가 '자신의 음란함을 노래하는 색정광
매춘부'라고 선언했다. 오늘날까지 전해져 오는
사포의 서정시는 극히 일부에 불과하지만, 그때나
지금이나 그녀의 중요성은 아무리 강조해도 지나치지
않다. 기원전 300년 셀레우코스 I세*는 아들인 황태자
안티오코스의 진찰을 위해 의사를 불렀다. 젊은
안티오코스의 심장 박동이 불규칙해지고 의식이
흐려지고 갑자기 안색이 창백해지곤 했기 때문이다.
안티오코스의 증상은 계모인 스트라토니케가 있을

---

\*    B.C. 355~280. 시리아 셀레우코스 왕조의 시조.

때만 나타났다. 의사는 안티오코스가 상사병을 앓고
있다고 결론 내렸다. 그러한 증상이 '사포가 묘사한
것과 같았기' 때문이다. 셀레우코스는 아내와 이혼하여
아들이 그녀와 결혼할 수 있도록 양보했다. 사랑에
빠진 남녀에 관한 시를 쓴 사포는 오늘날 레즈비언의
아이콘이 되었으며, 철학자이자 젠더 이론가인 주디스
버틀러는 십 대 시절 자신이 동성애자임을 자각하게
되었을 때 이렇게 말했다. "내가 아는 한, (그런 존재는)
나와 사포라는 여성뿐이었다."

# 바버라 조던

**1936년, 미국**
**축일: 2월 21일**

## 헌법의
## 수호성인

당신의 어머니는 당신이 취임식에서 선서하는
모습을 보기 위해 버스를 타고 휴스턴에서 워싱턴
D.C.까지 먼 길을 갑니다. 텍사스 주에서 연방 하원
의원으로 선출된 최초의 여성이자 최초의 아프리카계
미국인.《워싱턴 포스트》는 훗날 당신을 '모든 면에서
최초인 흑인 여성'이라고 부릅니다. 취임 선서를 하는
날, 당신은 검은 정장에 흰색 난초 장식을 답니다.
흑과 백. 이는 당신에게 일종의 유니폼이 됩니다.
당신은 당신에게 쏠리는 특별한 관심에 신경 쓰지
않습니다. 당신은 어차피 눈에 띄는 존재입니다.
당신의 피부 때문에, 당신의 성별 때문에 ─ 다른
여성 하원 의원들은 대부분 남편의 잔여 임기를
채우기 위해 선출된 사람들이었습니다. ─ 그리고
당신의 당당한 풍채 때문에. 로비스트들이 복도에서
소곤댑니다. "그녀는 하느님이라도 될 수 있을 것 같아.

Barbara
Jordan

만일 하느님이 흑인 여자라면 저런 모습일 거야."

개인 사무실이 의사당과 멀리 떨어진 건물에 있어서 이동 시간을 줄이기 위해 당신은 아예 하원의장과 일직선으로 시선을 맞출 수 있는 의회 본회의장 중앙 통로 바로 옆 좌석을 임시 사무실로 삼습니다. 당신은 일을 성사시키기 위해, 웅변적이고 강한 목소리를 내기 위해 이곳에 있습니다. 미국 이민개혁위원회 위원장으로서 당신은 출생 시민권*의 충실한 옹호자가 되어 이렇게 말합니다. "나는 오랜 세월 동안 조지 워싱턴**과 알렉산더 해밀턴***이 실수로 나를 빼먹었다고 느꼈습니다. 하지만 개정과 해석과 법원 판결의 과정을 통해, 나는 '국민'에 포함되었습니다." 당신은 손가방에 항상 헌법 조문 한 부를 넣어 가지고 다닙니다.

<hr>

\*   미국에서 태어난 아이에게 자동으로 시민권을 부여하는 제도.
\*\*  1732~1799. 미국 초대 대통령으로 건국의 아버지.
\*\*\* 1755(?)~1804. 미국 초대 재무장관으로 미국의 기틀을 세웠다.

Harriet
Tubman

# 해리엇 터브먼

**1822년 무렵, 미국**

**축일: 3월 10일**

## 자유의
## 수호성인

이제 곧 20달러짜리 지폐에서 미국 제7대
대통령 앤드루 잭슨의 얼굴을 대신하게 될 여성.
그녀에 대해 알려진 것은 많다면 많고 적다면 적다.
그녀는 거의 신화에 가까울 만큼 중요한 미국의
아이콘이지만 우리는 그녀가 정확히 몇 년도에
태어났는지 확실하게 말할 수 없다. 그녀의 이름은
비밀 조직 '지하철도'와 그녀가 탈출시킨 노예들과
불가분의 관계가 되었다.(한때 노예였던 그녀는 그들의
'모세'로 알려지게 되었다.) 그러나 그녀가 남북전쟁 중에
북군에 기여한 사실은 상대적으로 그리 널리 알려지지
않았다. 그녀는 전쟁 중에 무장 습격을 이끈 최초의
여성이었다. 1863년 6월(이때 그녀의 나이가 40세쯤
되었을 것이다.) 터브먼은 제임스 몽고메리 북군 대령과
함께 콤바히 강 습격을 이끌어 700명 이상의 남성과
여성, 어린이를 탈출시켰다. 《뉴욕 타임스》는 이 사건을

"단언컨대 지금까지 전쟁에서 기록된 가장 아름다운 장면"으로 기억했다. 그것은 미국 역사상 가장 큰 규모의 노예해방이었다. 그런데 이보다 더 알려지지 않은 사실은 1913년까지 생존한 터브먼이 인생 후반에 여성 권익 향상에 이바지했다는 것이다. 한 전기 작가에 따르면, 그녀는 "(여성) 참정권 연맹에서 위풍당당한 노부인"이 되었다. 남북전쟁 이후 여성이 투표권을 가져야 한다고 믿느냐는 질문을 받았을 때, 터브먼은 이렇게 대답했다. "그렇게 믿을 만큼 충분히 고초를 겪었으니까요."

# 알렉산드리아의
# 히파티아

**서기 355년, 이집트**
**축일: 3월 14일**

## 학자의
## 수호성인

스완 부인은 당당하고 상냥한 미소를 띤 채 불로뉴 숲 대로를 걸으며 마치 히파티아처럼 느린 발걸음 아래로 세상이 돌아가는 것을 보았다. **마르셀 프루스트**

수학자이자 철학자인 히파티아의 삶은 신비로 가득해서, 우리는 그녀에 대한 모든 것을 아는 척하며 우리 입맛에 맞는 것으로 공백을 채울 위험이 있다. 그녀의 저작은 전해지지 않지만, 그녀가 (19세기까지 이용된 천문 관측 기구인 아스트롤라베를 설계하는 방법을 포함하여) 고급 천문학과 기하학을 강의했다는 사실은 분명하게 말할 수 있다. 철학자로서 그녀는 신플라톤학파에 속했으며 알렉산드리아의 이교도 엘리트 지식인들 사이에서 대단한 영향력을 가진 인물이었다. 그러나 우리에게 가장 잘 알려진 것은 그녀의 삶이 아니라 그녀의 죽음이다. 알렉산드리아의

Hypatia of
Alexandria

대주교 키릴로스가 그 도시에서 유대인을 추방하도록 명령했는데, 당시 히파티아는 그의 가장 두드러진 눈엣가시 중 하나였다. 어느 날 대학에서 강의를 마친 그녀를 기독교도 폭도가 납치하여 교회에서 벌거벗겨 매질을 하고 깨진 도자기로 살갗을 벗겼다. 그런 뒤 그녀의 시신을 성곽 밖으로 끌고 가서 불태웠다. 곧이어 대학과 이교도 사원이 파괴되었다. 1855년 이 사건을 다룬 영국인 작가 찰스 킹슬리의 소설은 사람들이 히파티아가 이상적인 영웅이기를 얼마나 원하는지 여실히 보여 준다. 킹슬리는 히파티아를 이렇게 묘사했다. 그녀가 "주변에 새카맣게 몰려든 군중들 사이로 눈처럼 하얗게 벌거벗은 몸을 똑바로 일으켰다. 커다랗고 맑은 눈망울에 치욕과 분노를 담고 있었지만 한 점 두려움의 흔적도 없었다." 그것은 순교의 극치이다. 그러나 히파티아가 역사에 기여한 것은 단지 그녀의 죽음에 그치지 않았다. 한 역사학자가 말한 것처럼, 히파티아의 살해 사건은 "지성의 도시 알렉산드리아의 몰락을 보여 주는 전조였다."(키릴로스는 결국 성인 칭호를 얻었다.)

Kusama
Yayoi

# 쿠사마 야요이

**1929년, 일본**
**축일: 3월 22일**

## 환영을 보는 이의
## 수호성인

그녀의 환영(幻影)은 어린 시절에 시작되었다.
꽃들이 그녀에게 말을 걸었고 갑자기 바닥이 사라지곤
했다. 어머니가 체벌을 일삼고 아버지가 바람을
피웠던 것도 부정적인 영향을 미쳤다. 설상가상으로
2차 세계대전 중에 열세 살이던 그녀는 군수 공장에
보내졌다. 그녀의 예술은 환영을 관리하고 구체화하는
방법이 되었다. "나는 캔버스를 그물로 도배했고, 그
다음에는 테이블에, 바닥에, 그리고 마침내 내 몸에도
그물을 그렸다……. 그물이 나를 에워싸고 있을 때면
나 자신에 대해 잊어버렸다."* 그런 경험은 큰 인기를
끈 바 있는 「망각의 방」에서도 되풀이된다. 관람객에게
하얀 방에 들어가서 다양한 색의 물방울무늬 스티커를
표면에 마음껏 붙일 수 있게 했다. 오늘날 소셜미디어의

---

\*    1950년대 첫 선을 보인 그녀의 연작 「무한한 그물」은 그녀를 널
리 알린 계기가 되었다.

시대에 인스타그램 사용자들은 쿠사마의 몰입적인 환경이 주는 환각적이고 즐거워 보이는 분위기에 강렬하게 반응한다. 워싱턴 D.C.의 허시혼 미술관에서 열린 그녀의 회고전 첫째 주에 한 관람객이 셀카를 찍으려다 발을 헛디뎌 넘어지면서 전시물을 박살냈다. 그 당시 《워싱턴 포스트》에는 이런 기사가 실렸다. "쿠사마 작품을 배경으로 한 셀카는 시각적 클리셰가 되고 있다." 그러나 그런 게시물들은 그 예술의 어두운 이면을 놓치고 있다. 쿠사마는 당대의 가장 부유한 여성 예술가 중 하나이지만 1970년대부터 자발적으로 정신병원에서 지내고 있다. 그녀는 말한다. "나는 환각과 그것의 고통을 그림으로 승화시켜 나의 병을 치유하려 해 왔다." 이제 80대가 된 그녀는 스스로를 '예술가 지망생'이라고 칭한다. "내가 어렸을 때, 예술가가 되고 싶다고 엄마를 설득하느라 애를 먹었어요. 내가 유명하고 성공한 것이 정말 사실인가요?"

# 에미 뇌터

**1882년, 독일**

**축일: 3월 23일**

## 대칭의
## 수호성인

분명한 수학적 재능에도 불구하고 에미
뇌터는 독일 에를랑겐 대학교에 입학이 거부되었다.
대학평의회가 남녀 혼성 수업은 '모든 학문적 질서를
전복'할 것이라고 결정했기 때문이다. 대신 뇌터는
교수들에게 특별 허가를 얻어 수업을 청강했고, 결국
박사학위를 받았다. 그리고 그 과정에서 전문지식을
쌓았다. 그녀는 1918년에 물리학 법칙은 언제
적용되어도 동일하게 유지되며 우주의 총 에너지는
언제나 보존된다는 것을 증명했고, 그것은 그녀의
가장 유명한 정리가 되었다. 오늘 허공에 던진 공은
내일 던진 공과 동일한 양상을 보일 것이다. 각각의
미분 가능한 대칭에 하나의 보존 법칙이 대응된다.
이 정리를 통해 알베르트 아인슈타인의 일반 상대성
이론의 중심 문제가 해결되었다. 그럼에도 그녀는
대학에서 일자리를 구하는 과정에서, 대학 입학 때와

Emmy
Noether

똑같은 차별을 당했다. 어떤 교수진은 이렇게 항의했다. "군대에 간 학생들이 다시 학교로 돌아와서 여자의 발밑에서 공부해야 한다는 것을 알게 되면 어떻게 생각하겠습니까?" 상황은 더욱 어려워졌고 유대인인 그녀는 1933년 독일을 탈출할 수밖에 없었다. 그녀는 늦은 나이에야 유명한 친구인 아인슈타인의 도움으로 펜실베이니아에 있는 브린모어 여자대학교의 교수로 영입될 수 있었다. 최근 드렉셀 대학에서 실시된 한 설문조사에 따르면 뇌터에 대해 들어 본 학생은 드물었고, 뇌터의 이름을 아는 학생들도 그녀가 무엇을 했는지 정확하게 떠올리지 못했다. 아인슈타인이 '여성에게 고등교육이 허락된 이래 가장 뛰어난 창조적인 수학 천재'라고 묘사한 여성에 대한 반응 치고는 영 신통치 않다.

Gloria
Steinem

# 글로리아 스타이넘

**1934년, 미국**
**축일: 3월 25일**

## 여성연대의
## 수호성인

"잡지사《미즈》에서 내 사무실 벽에 붙여 놓은
엽서가 있었다. 그것은 일종의 시 같았고, 그 안에
모든 것이 있었다. '당신이 만든 잡지를 읽어 보니,
당신은 공산주의자에다 레즈비언, 긴 머리 다이크*,
마녀, 검둥이와 붙어먹는 창녀라는 걸 확실히 알게
되었소.' 엽서는 이렇게 끝맺는다. '그건 유대인과 다를
바 없다는 것 아니겠소.' 사람들은 내가 유대인이라고
단정했다. 페미니즘이 기독교 가정을 분열시키기 위한
유대인의 음모라고 생각했기 때문이다."

글로리아 스타이넘의 아버지는 실제로
유대인이었다. 그녀의 친할머니 폴린 스타이넘은
1930년대에 유대인들이 독일에서 탈출하는 것을
도왔고 전미 여성참정권협회에서도 일했다. 그러니

---

\*    dyke. 여성 동성애자 사이에서 남성적이고 적극적이고 활발한
     역할을 하는 쪽을 비하하여 가리키는 말.

스타이넘에게는 활동가의 피가 흐르는 셈이다. 그러나 그녀가 '적극적인 페미니스트'가 된 것은 30대에 접어들어서였다. 1969년《뉴욕》에 기사를 쓰기 위해 낙태 자유와 관련된 발언을 취재하러 간 것이 계기가 되었다. 그녀는 이렇게 말했다. "여성들이 자신들의 삶에 관한 진실을 공개적으로 이야기하고 여성에게만 일어나는 일을 진지하게 받아들이는 모습을 보는 것은 뭔가 특별했다. 그때까지 내 경험에 따르면 세상은 남자들에게 일어나는 일들만 진지하게 받아들였다. 그곳에서 나 자신의 경험을 어느 정도 이해할 수 있었다. 나는 낙태를 한 적이 있는데 아무에게도 말한 적이 없었다. 그런데 그 순간 '대체 왜?'라는 질문을 하게 되었다." 3년 뒤 스타이넘의 주도로 《미즈》창간호가 발간되었다. '우리는 낙태를 한 적이 있다.'라는 굵은 글씨체의 제목과 함께 청원 성명서가 2페이지에 걸쳐서 실렸다. 빌리 진 킹과 아나이스 닌, 그레이스 페일리, 수전 손택, 그리고《미즈》창립자인 스타이넘 본인을 포함해 낙태 경험이 있거나 낙태 여성을 도와준 53인의 여성이 여기에 서명했다.

# 샌드라 데이 오코너

**1930년, 미국**
**축일: 3월 26일**

**사법의**
**수호성인**

편집자 귀하

저는 9월 29일자 사설 면의 '화제' 코너에서 다음과 같은 구절을 발견했습니다.

'워싱턴 직책명 중에 약칭이 없는 것이 있을까? 어쩌면 하나쯤은 있을 법하다. 법률 집행의 최고 책임자를 이따금 POTUS(President of the United States; 미합중국 대통령)라고 부르고, 법률을 해석하는 아홉 명의 남성을 종종 SCOTUS(Supreme Court of the United States; 미합중국 연방대법원)라고 칭한다. 그런데 법률을 제정하는 사람들은 좋건 나쁘건 여전히 그냥 의회라고 한다.'

제가 접할 수 있고 또한 일반적으로 사람들이 접할 수 있으리라고 생각되는 정보에 따르면, 2년 전부터 SCOTUS는 더 이상 아홉 명의 남성으로 구성되어 있지 않습니다. 혹시 이와 상반된 정보를 가지고 계시다면

Sandra Day O'connor

제시해 주시기 바랍니다. POTUS와 SCOTUS, 그리고
FWOTSC(First Woman of the Supereme Court:
최초의 여성 연방대법관)도 그것을 보면 아주 흥미로워 할
것이라고 저는 확신합니다.

이것은 1983년 10월《뉴욕 타임스》에 실린
독자 투고다. 소위 FWOTSC는 1981년에 임명된
샌드라 데이 오코너 판사를 말한다. 오코너가 보여
준 경력의 궤적은 놀랄 만한 것이었다. 그녀는
스탠퍼드 법학 대학원을 졸업한 뒤 어떤 법무법인도
자신을 면접조차 보려 하지 않는 현실에 직면했다.
그녀는 이렇게 회상했다. "그들은 말했어요. '우린
여자를 고용하지 않습니다.' 제게는 큰 충격이었죠."
그로부터 30년 후 그녀는 자신이 대법관으로
임명되었다는 소식에 그에 못지않은 충격을 받았다.
이후 오코너는 판사로서 예측할 수 없는 행보를
이어 갔다. 보수주의자이면서 로 대 웨이드(Roe vs
Wade) 사건*에서 낙태를 지지한 것이다. 젊어서부터
여자로서 겪었던 어려움은 그녀로 하여금 자신의
역할의 중요성을 잊지 않도록 해 주었다.(법원 주변에
여자 화장실이 없다는 사실도 그랬다.) 그녀는 말했다.

*     제인 로(사생활 보호를 위해 사용한 가명)가 텍사스 주를 대리
    한 검사 헨리 웨이드를 상대로 제기한 소송에서 1973년 대법원
    이 임신 6개월 이내의 임신중절은 여성의 권리에 속한다고 판
    결한 사건.

"내가 사람들에게 '이래서 여자 대법관을 뽑으면 안 돼.'라고 말할 만한 구실을 주지 않도록 행동하는 것이 아주 중요했습니다."

# 왕가리 마타이

**1940년, 케냐**

**축일: 4월 1일**

## 지속 가능성의
## 수호성인

그녀는 이렇게 설명했다. 한 국가를 다리가 세 개 달린 의자라고 상상해 보자. 다리 하나는 민주주의, 인류를 존중하는 좋은 정부를 상징한다. 다른 다리 하나는 평화다. 그리고 마지막 다리는 우리의 천연 자원에 관한 책임을 상징한다. 이 세 다리가 없으면 기초가 불안정해져서, 의자는 결국 쓰러진다. 문제는 종종 세 번째 다리를 망각한 채 두 개의 다리로만 의자를 만든다는 점이다. "우리는 전반적으로 책임감과 자원의 동등한 분배에 대한 인식이 없습니다. 소비를 향한 욕망이…… 우리의 자원 집약적 생활 양식에 따르는 책임감을 앞서는 것처럼 보입니다."

왕가리 마타이는 이러한 불균형을 바로잡는 데 일생을 바쳤다. 처음에는 조국 케냐에서 시골 아낙들이 기본적인 생계를 위해 필요한 물과 식량, 소득을 얻기 위해 하루하루를 아등바등 살아가는 것을 목격하면서

Wangari
Maathai

활동을 시작했다. 그녀는 이렇게 회상했다. "나는 아주 심각한 삼림 벌채와 그에 따른 토양 소실이 일어나고 있으며 그것이 점차 환경을 파괴하고 사람들을 빈곤하게 만들고 있다는 것을 깨달았습니다." 그래서 나무를 심기 시작했다. 1977년에 풀뿌리 환경운동 조직 그린벨트운동(GBM)을 창설하고 나무 5,000만 그루를 심었다. 그 과정에서 3만 명의 여성들을 삼림 관리와 식품 가공 분야에서 훈련시켜 소득을 벌 수 있게 해주었다. 마타이가 세상을 떠나기 7년 전인 2004년, 그녀는 그동안의 공로와 노고를 인정받아 아프리카 여성 최초의 노벨 평화상 수상자가 되었다. 그녀는 이렇게 말했다. "지난 30년간 한발 한발 내딛으며 일해 왔지만 아무도 내 말에 진짜로 귀 기울인다고 생각하지 않았습니다…… 그런데 갑자기 노르웨이 노벨 평화상 위원회에서 내게 '당신은 내내 올바른 균형을 생각해 온 사람'이라고 하더군요. 우리는 승리의 그날까지 계속해서 그런 메시지를 더욱 더 강하게, 더 강력한 확신을 가지고 밀고 나가야 합니다. 우리는 올바른 길에 서 있는 사람들이기 때문입니다."

**Maya
Angelou**

# 마야 앤절루

**1928년, 미국**

**축일: 4월 4일**

## 이야기꾼의
## 수호성인

"갈등과 극도의 스트레스를 겪을 때면, 나는 다시 실어증에 빠질 것만 같았다. 실어증은 중독성이 강하다. 그 영향이 결코 완전히 물러날 것 같지 않다." 40세까지 이집트와 가나, 미국 곳곳을 누비며 살아온 여성, 전문 무용수로, 매춘부로, 활동가로, 가수로, 강연자로 일했고, 수많은 저작을 집필하는 작가가 된 여성 치고는 놀라운 고백이다.

마야 앤절루는 여덟 살에 성폭행을 당했고, 그로 인한 심각한 트라우마로 실어증에 빠졌다. 법정에서 그녀가 증언한 뒤 겨우 하루 만에 풀려난 성폭행범은 결국 살해당했다. 이 일로 자신이 입을 열었기 때문에 가해자가 죽었다고 자책하게 되었다. 그녀는 거의 5년간 실어증을 앓다 회복했지만 그 어두운 그림자는 그녀를 결코 떠나지 않았다. "실어증은 항상 내게 말합니다. '언제든 다시 돌아와도 돼. 넌 아무것도

할 필요가 없어. 그냥 입만 닫으면 돼." 앤절루는
그런 충동에 저항했다. 41세에 그녀는 어린 시절의
트라우마에 관한 이야기를 담은 자신의 첫 번째 책이자
가장 잘 알려진 책 『새장에 갇힌 새가 왜 노래하는지
나는 아네(I Know Why the Caged Bird Sings)』를 출판했다.
이후 그녀는 희곡에서, 시에서, 자서전에서, 낭독
앨범에서, 아동 도서에서, 남은 인생 동안 계속
이야기를 했다. "작가는 가장 많이 이용되고 가장
익숙한 대상들 — 명사와 대명사, 동사, 형용사 — 을
공처럼 빚어서 튀어 오르게 하고, 특정한 방식으로
회전시켜 사람들이 낭만적이거나 투쟁적인 분위기에
빠지게 만들어야 한다. 나는 작가가 된 것이 무엇보다
기쁘다." 일흔다섯의 나이에 그녀가 말했다.

# 키티 콘

**1944년, 미국**
**축일: 4월 7일**

## 모든 신체의
## 수호성인

키티 콘은 열다섯 살이 될 때까지 자신의 몸에
어떤 문제가 있는지 몰랐다. 왠지 걷는 것이 불편해
보였는데, 어느 날 학교 선생님이 그녀가 까치발로
걷는 것을 발견했다. 군인 자녀인 콘은 보훈병원에서
무상 치료를 받을 자격이 있었지만 그녀가 받은 치료는
형편없는 경우가 많았다. 그녀는 나중에 농담 삼아
말했다. "거긴 말하자면 보건소 같았는데, 현실은
그보다 더 안 좋았죠. 내 장애가 뭔지도 모르더군요."
몇 차례의 오진과 고통스러운 수술을 거치고 나서야
한 의사가 '근위축증'이라는 말을 꺼냈지만, 병명을
안다고 해서 그녀가 직면한 장벽이 낮아지거나
휠체어에 앉은 여성에 대한 차별을 멈출 수 있는 것은
아니었다. 나중에 다른 의사는 수술을 받기 전 대부분의
건강한 여성들이라면 거치는 통상적인 대기 시간을
단축하기 위해 불임 시술을 받는 게 어떠냐고 그녀를

Kitty
Cone

설득했다. "분명히 그런 이중 잣대가 있었고 나는
불임 시술 대상이었죠." 그녀가 말했다. 콘은 1977년
샌프란시스코의 연방 보건복지부 건물에서 28일
동안 진행된 연좌 농성에 참여했다. 그녀는 회의실에
딸린 부속실 바닥에서 자야 했다. "나는 밤마다
계속 뒤척여야 했고 고통을 견디기 위해 수면제를
삼켰어요." 그녀는 회상했다. 이 연좌 농성은 미국
최초의 장애인 민권법인 재활법 504조*의 시행으로
이어졌다. 콘은 샌프란시스코에 머물며 버클리
자립생활센터에서 일했고, 그곳에서 장애인들이
접근할 수 있는 대중교통과 연석 경사로 도입을 위한
운동을 벌였다. 미국의 입양 기관들이 그녀가 아이를
키울 수 없다고 판단하자, 콘은 멕시코의 티화나로
가서 아들을 입양했다. 그녀가 15세였을 때 근위축증을
진단한 의사는 그녀가 20세를 넘기기 어려울 거라고
예측했었다. 그러나 그녀는 2015년 3월 21일에 세상을
떠났고, 그때 그녀의 나이는 70세였다. "아, 내가 살면서
한 일들이 좋았어요." 그녀는 말했다.

---

\*      고등교육 등 모든 분야에 대한 장애인 차별 금지법으로, 1974년
부터 시행되었다.

Dolores
Huerta

# 돌로레스 후에르타

**1930년, 미국**

**축일: 4월 10일**

## 노동자의
## 수호성인

     세 아이를 둔 이혼녀 알리시아 차베스
페르난데스는 가족을 부양하기 위해 낮에는
웨이트리스로, 밤에는 통조림 공장에서 일했다.
알리시아는 재혼해서 두 번째 남편과 함께 캘리포니아
주 스톡턴에 있는 객실 70개짜리 호텔을 인수할
수 있었다. 그리고 그곳에서 그녀의 딸 돌로레스가
성장했다. 호텔은 저소득층 거주지에 있었고,
돌로레스의 어머니는 저임금 노동자들을 환영하며
요금을 깎아 주거나 아예 받지 않기도 했다.
돌로레스가 어머니에게서 배운 교훈은 이것만이
아니었다. 그녀는 이렇게 회상했다. "우리 엄마는
나를 항상 응원해 줬고, 앞에 나서서 당당하게
생각을 말하고 적극적으로 참여하라고 항상 나를
격려해 줬어요." 돌로레스 후에르타의 행동주의는
1960년대에 처음 전국적인 관심을 받게 되었다. 당시 그녀는 미국의 노동 운동가 세자르 차베스와 함께 미국농장노동자연합(UFW)이라는 노동조합을 공동 설립하고, 캘리포니아 포도 경작자들을 상대로 5년에 걸친 델라노 포도 파업을 이끌며 필리핀과 멕시코 출신 노동자들을 단결시켰다. 이 파업은 성공적이었다. 포도 경작자들은 처음으로 노동 계약서에 서명했고, 이로써 최저 임금을 받는 수천 명의 노동자들이 혜택을 누렸다. 후에르타는 '그래, 할 수 있어'라는 의미의 '시, 세 푸에데'(Sí, se puede)를 UFW의 슬로건으로 만들었다. 이 슬로건은 2008년 대통령 선거에서 버락 오바마의 선거 슬로건("Change, Yes, We can")에 영감을 주었다. 2012년 돌로레스 후에르타에게 대통령 자유 훈장을 수여하는 자리에서 버락 오바마 대통령은 연설 중에 농담을 했다 "제가 돌로레스에게 슬로건을 도용했다고 말했을 때 그분은 아주 자비로웠어요. 그렇게 쉽게 봐주시니, 돌로레스가 어떤 분인지 아는 저로서는 천만다행이었죠. 장난 따위는 하지 않는 분이잖아요."

# 레이첼 카슨

**1907년, 미국**
**축일: 4월 14일**

## 미래 세대의
## 수호성인

1963년 10월 샌프란시스코에서 열린 카이저 가족재단* 심포지엄에서 레이철 카슨은 1,500명의 청중에게 '우리 환경의 오염'이라는 주제로 강연을 했다. 그해는 그녀가 『침묵의 봄』을 출간한 소용돌이 같은 해였다. 이 책은 결국 케네디 대통령으로 하여금 살충제의 유해성을 조사하기 위한 위원회를 구성하도록 만들었고, 이것이 사실상 현대 환경 운동의 시초가 되었다.

그해는 다른 이유에서도 소용돌이 같은 해였다. 『침묵의 봄』 발표 이후 카슨에게 각종 강연 요청이 쇄도했지만, 그녀는 요청에 거의 응할 수 없었다. 고통이 너무 심했기 때문이다. 암이 전이되어 방사선 치료를 받느라 온몸이 화끈거렸다. 외출할 때 쓰고

---

\*    주로 의료 부문에서 활동하는 미국의 비영리 기구.

Rachel
Carson

다니던 가발조차 화끈거리고 가렵게 느껴졌다. 게다가 자신의 상태를 누구에게도, 특히 그녀를 비판하는 사람들에게는 알릴 수 없었다. 『침묵의 봄』은 석유화학제품이 암과 관련이 있다는 이례적인 주장을 하고 있었기 때문에, 자신이 암에 걸렸다는 사실이 그런 주장의 객관성에 의문을 제기하는 데 이용될까 두려웠기 때문이다. 그날 샌프란시스코에서 그녀는 문제의 시급성을 강조했다. "우리는 과학적 지식에 의해 움직이는 사람이 아니라 먼지가 눈에 보이지 않기를 바라며 양탄자 밑으로 쓸어 넣는 속담 속의 불량 주부처럼 행동합니다." '우리 환경의 오염'은 그녀의 마지막 강연이 되었다. 그녀는 6개월 뒤에 사망했다. 그러나 그날 카슨의 눈은 자신의 한계를 넘어 다른 생명들에게 맞춰져 있었다. 그녀는 이렇게 말했다. "이러한 위협은 아직 태어나지 않은 세대, 오늘의 결정에 대해 어떤 목소리도 낼 수 없는 미래의 세대에게 훨씬 더 큽니다. 그 사실 하나 때문에라도 우리의 책임이 막중할 수밖에 없습니다."

**The Brontë
Sisters**

# 브론테 자매

**1816년, 1818년, 1820년, 영국**
**축일: 4월 15일**

## 몽상가의
## 수호성인

세 자매는 가난한 집에서 어머니 없이 성장했다. 그들의 남자 형제인 브랜웰은 가문의 천재라는 기대를 한몸에 받았고, 세 자매는 서로를 위해 이야기를 써서 읽어 주거나 관객이라고는 자신들뿐인 연극을 하며 오후 시간을 보냈다. 그들이 깨알같이 작은 글씨로 쓴 원고는 어른들이 읽기도 힘들었다.(어린 샬럿이 손으로 만든 미니어처 책은 무려 6만 단어가 넘는 분량이었다.) 그러나 그들은 결국 자신들만의 고립된 세계를 떠나 교사와 가정교사로 일해야 했는데, 하나같이 이 직업을 무척 싫어했다. 샬럿은 이렇게 썼다. "가정교사는 존재감이 없고, 수행해야 하는 지루한 의무와 연관된 경우를 제외하면 살아 있는 이성적인 존재로 취급받지 못한다." 에밀리는 교사로 일하면서 학생들에게 자신은 너희들보다 학교의 개가 더 좋다고 말했다. 앤은 오빠가 어느 집에 교사로 들어갔다가 그 집 여주인과 불륜을

저지르자 가정교사 일을 그만두었다.(앤은 그 사건에 대해 "남자들과 그들의 혐오스러운 태도에 넌더리가 난다."고 썼다.) 자매들은 그 일에 질색했을지 모르지만 그것은 아주 훌륭한 소재가 되었다. 앤은 자신의 경험을 바탕으로 '세상으로 나가서 스스로를 위해 행동하기를 열망하는' 가정교사의 이야기를 담은 『애그니스 그레이(Agnes Gray)』를 썼다. 샬럿의 『제인 에어(Jane Eyre)』 역시 가정교사를 주인공으로 등장시켰다. 반면 에밀리의 고전 『폭풍의 언덕(Wuthering Heights)』의 화자는 하녀다. 『애그니스 그레이』와 『제인 에어』, 『폭풍의 언덕』은 모두 1847년에 출판되었는데, 세 작품 모두 남자 이름으로 발표되었다. 샬럿이 자신의 정체를 고백해 출판사를 놀라게 한 후 그녀는 곧 그 고백을 후회했다. 자매들의 사적인 창작의 세계는 이제 더 이상 사적인 영역이 아니었다. 그녀는 출판사에게 보내는 편지에 이렇게 썼다. "보이지 않게 걸을 수 있는 것이야말로 작가의 진정한 특권이 아니겠습니까?"

# 니나 시몬

**1933년, 미국**

**축일: 4월 21일**

## 소울의
## 수호성인

이 곡의 이름은 '빌어먹을 미시시피'입니다. 그리고
한마디 한마디가 전부 진심이에요. **니나 시몬**

1963년 9월의 어느 일요일 아침, 앨라배마 주
버밍엄의 16번가 침례교회*에서 다이너마이트가
폭발했다. 백인 우월주의자들이 설치한 폭탄은
주일학교 시간에 터지도록 시간이 맞춰져 있었다.
폭발로 어린 소녀 네 명이 목숨을 잃었다. 그것은 미국
시민권 운동의 성장에 결정적인 순간인 동시에, 가장
거침없이 발언하는 시민권 운동 지지자 중 한 사람에게
결정적인 순간이었다. 노스캐롤라이나에서 전도사의
딸 유니스 웨이먼으로 태어난 그녀는 피아노 연주자가
되고 싶었다. 당시 그녀의 음악에는 노랫말이 없었다.

* 미국에서 흑인 민권운동이 활발하게 전개된 곳 중의 하나.

107

Nina
Simone

그러나 그녀가 '소울의 위대한 여사제' 니나 시몬이
되면서, 노랫말이 그녀를 찾아왔다. "어린 흑인 소녀
네 명을 죽게 한 앨라배마 교회 폭발 사건 소식을
듣고 두문불출하면서 그 노래를 만들었어요." 그녀는
말했다. 그렇게 탄생한 것이 시민권 운동의 슬로건이자
시몬의 가장 유명한 저항가 중 하나인 「빌어먹을
미시시피(Mississippi Goddam)」였다.

　　이제 모두가 빌어먹을 미시시피에 대해 안다.

Erma
Bombeck

# 어마 봄벡

**1927년, 미국**
**축일: 4월 22일**

## 가정주부의
## 수호성인

"매일 아침 우리는 남자들이 낙원을 빠져나와
차를 몰고 고속도로를 달려 시내로 가는 것을 본다.
우리를 두고 대체 무엇을 향해 가는 걸까?" 어마 봄벡은
『정화조 위의 잔디는 언제나 더 푸르다(The Grass Is
Always over the Septic Tank)』에서 그렇게 썼다. 봄벡은
유머 작가이지만 이 구절은 '외로움'이라는 장에서
나온 것이다. 그 장은 이렇게 시작한다. "아무도 그것에
대해 말하지 않았지만 누구나 그것이 무엇인지 알고
있었다. 찬장에 놓인 양념들을 알파벳순으로 배열한
날이었다." 봄벡은 우울증을 "평범하고 일상적인"
상태라고 정의했다. 여기서 일상이란 바로 가정,
봄벡이 익히 알고 있는 주부들의 제한된 공간이었다.
그녀의 칼럼 코너 「어쩔 줄 모르고(At Wit's End)」는
전국적으로 큰 인기를 끌며 자신을 괴롭히는 특정한
문제를 콕 집어 말할 수 없는 여성들에게 널리 읽혔다.

봄벡은 웃음을 통해 그들에게 다가섰다. 봄벡의 매력은
널리 통했고 그녀의 접근 방식은 많은 사람을 무장
해제시켰다. 그러나 1978년 남녀평등에 관한 헌법
수정 조항을 지지하며 나섰을 때 그녀는 보수층 팬을
다수 잃게 되었다. 봄벡이 만약 인생을 다시 산다면
삶을 어떻게 변화시킬 것인지에 대해 썼을 때도,
마냥 밝지만은 않은, 어둠이 공존하는 분위기였다.
"사랑한다는 말을 더 많이 해 주고 미안하다는 말도
더 많이 해 주고 이야기를 더 많이 들어 주겠다…….
인생을 다시 산다면, 나는 그 모든 순간을 붙잡겠다."
그러면서도 특유의 유머 감각을 잃지 않고 이렇게 썼다.
"방금 머리에 스프레이를 뿌려 세웠다는 이유로 무더운
여름날 자동차 창문을 닫아야 한다고 고집을 부리지
않겠다."

# 필리스 휘틀리

**1753년, 서아프리카**

**축일: 5월 8일**

## 독자의
## 수호성인

미국에서 흑인으로는 최초로, 여성으로는
두 번째로 시집을 펴낸 그녀를 사람들은 필리스
휘틀리라고 불렀다. 부모가 지어 준 이름이 아니라
그녀의 주인이 지어 준 이름이었다. 보스턴의 휘틀리
가문은 서아프리카에서 그녀를 싣고 온 노예선의
이름을 따서 그녀에게 이름을 붙여 주었다. 그녀는
일곱 살이었다. 진보 성향으로 알려진 휘틀리 가문은
어린 필리스에게 교육을 권했다. 존 휘틀리는 이렇게
썼다. "그 아이는 학교 교육의 도움 없이 집에서 배운
것만으로 난생 처음 와 본 곳에 도착한 지 16개월 만에
성경의 가장 어려운 부분도 읽을 만큼 영어를 습득하여
모든 사람들을 깜짝 놀라게 했다." 많은 식민지
주민들이 필리스가 가진 재능의 진위를 의심했고,
그런 의심을 잠재우기 위해 그녀는 법정에서 시험을
치렀다. 1773년 그녀의 시집 『다양한 종교적, 도덕적

Phillis
Wheatley

주제에 관한 시(Poems on Various Subjects, Religious and Moral)』가 출판되면서 그녀는 세상에서 가장 유명한 아프리카인이 되었다. 문학비평가 헨리 루이스 주니어에 따르면, 그녀는 "당대의 오프라 윈프리였다." 미국 독립 혁명이 가까워지면서 마침내 자유를 얻은 그녀는 식민지 주민들을 위한 목소리를 높여 「워싱턴 장군 각하에게(To His Excellency General Washington)」 같은 시를 썼다. 1776년에 워싱턴은 케임브리지에 있는 사저로 그녀를 초대했다. 그러나 그녀는 자신이 이룬 모든 성공과 확고한 애국심에도 불구하고 자신이 복잡한 위치에 있다는 것을 인식하고 있었으며 그녀의 글은 거의 1세기 뒤에 일어날 또 다른 큰 전쟁을 예고했다. 그녀의 시 「아프리카에서 아메리카로 실려 와서(On Being Brought from Africa to America)」에는 이런 내용이 있다.

누군가는 우리 검은 인종을 경멸의 눈으로 본다.
"저들의 색은 악마의 색이야."
기억하라, 기독교인들이여. 카인처럼 검은 흑인들도
정화되어 천사의 반열에 오를 수 있음을.

Bea
Arthur

# 비 아서

**1922년, 미국**
**축일: 5월 13일**

## 텔레비전의
## 수호성인

그녀는 1970년대에 방영된 '올 인 더 패밀리'의
스핀오프 시트콤인 「모드」에서 타이틀 롤을 맡은
덕분에 많은 사람들에게 '모드'라고 불린다. 또
어떤 사람들은 그녀를 「더 골든 걸스」의 도로시
보냑으로 기억한다. 그러나 세인트루이스에 위치한
국립문서보관소에 보관된 해병대 병적부에는 처녀
적 이름인 버니스 프랭클에서 이름을, 첫 남편 로버트
앨런 아서에서 성을 가져와서 버니스 아서, 비어트리스
아서, 비 아서로 기재되어 있다. 2차 세계대전 중에 여성
예비군이었던 그녀는 워싱턴 D.C.에 트럭 운전사와
타이피스트로 배치되었다. 1945년 9월에 명예 제대할
때 그녀의 계급은 하사였다. 해병대 병적기록부에는
그녀가 22구경 소총과 활쏘기 특기자라고 기록되어
있다. 한편 그녀는 인생 말년에 성소수자 민권
활동가이자 동물 권리 활동가가 되었다.(그녀는

PETA*의 명예 이사였으며, 버지니아에 있는 PETA 본부 근처의 반려견 공원은 그녀의 이름을 따서 지어졌다.)
아서는 자신이 연기한 가장 유명한 두 캐릭터를 통해 강하고 위풍당당한 여성들을 위한 새로운 역할을 창조하는 데 일조했다. 한 인터뷰에서 그녀가 말했다. "보세요. 난 170센티미터가 넘는 장신인 데다 목소리도 굵고 대사를 치는 방식도 특이하죠. 하지만 어쩌겠어요? 다른 뭔가를 기다리며 집에만 있을 수는 없잖아요."

*    People for the Ethical Treatment of Animals의 약어. 동물의 권리를 보호하기 위한 세계적인 동물 보호 단체.

# 프랜시스 퍼킨스

**1880년, 미국**
**축일: 5월 14일**

## 공무원의
## 수호성인

질문: 미국에서 최악의 출산을 경험한 여성은?
정답: 프랜시스 퍼킨스. 그녀는 무려 12년 동안
진통을 했다.*

이것은 관광 가이드들이 미국 정치권과 관련해서
자주 써먹는 농담이다. 물론 뼈 있는 농담이긴
하지만(퍼킨스는 남성 동료들의 신망을 얻기 위해 일부러
후덕한 아주머니 같은 인상을 만들었다고 인정했다), 미국
역사에서 제4대 노동부 장관을 지냈고 여성 최초로
정부 각료로서 대통령 승계 서열에서 한 자리를
확보했던 인물에 대한 농담 치고는 다소 시답잖아
보인다. 퍼킨스는 1911년에 발생한 트라이앵글
셔츠웨이스트 공장 화재를 자신이 정치 활동에 나서게

---

\* 그녀는 1933년부터 1945년까지 노동부에(in labor) 장관으로 재
임하였다. 'in labor'에는 '분만, 진통 중'이라는 뜻도 있다.

Frances
Perkins

된 계기로 꼽았다. 그리니치빌리지의 한 길모퉁이에서
그녀는 다른 많은 사람들과 함께 공장 화재를 목격했다.
공장주들이 계단과 출구로 통하는 문을 잠가 둔
공장에서 일하던 146명의 봉제 공장 노동자들이 그
화재로 목숨을 잃었다. 대부분 탈출 과정에서 추락하여
사망했다. 이 비극은 퍼킨스에게 '공통 규범에 대한
심각한 공격'으로 강력하게 각인되었다. 이 사건을
계기로 그녀는 뉴욕 주정부에서 일하기 시작해서
주 노동부 장관까지 올랐다. 1933년에는 프랭클린
루스벨트 대통령이 제안한 노동부 장관 직을 수락하며
몇 가지 조건을 붙였다. 그녀는 최소 임금과 주간
40시간 근로, 실업 수당, 아동 노동 금지를 원했다.
그리고 그녀는 원하는 것을 얻었다. 훗날 그녀는
자신이 이룬 가장 중요한 성취는 사회보장법이라고
말한다. 여든두 살의 나이로 사회보장국 본부에서
연설을 하면서 그녀는 이렇게 언명했다. "내가 아는 한
가지 사실은 오늘날 사회보장법이 미국인들의 정신에
견고하게 뿌리 박혀 있어서…… 어떤 정치인도 이
법을 파괴하면서 민주주의 시스템을 유지할 수 없다는
겁니다. 사회보장법은 언제나 미국 국민을 위해 영원히
건재할 것입니다."

Amelia
Earhart

# 어밀리아 에어하트

**1897년, 미국**
**축일: 5월 20일**

## 비행의
## 수호성인

1928년 6월, 어밀리아 에어하트는 여성으로는
최초로 대서양 횡단 비행에 성공했다. 그녀는 이
비행으로 유명해졌지만 비행기를 조종한 것은 그녀가
아닌 두 명의 남자 비행사였다. 그녀는 착륙한 뒤
이렇게 말했다. "굉장한 경험이었지만 사실 내가 한
일이라고는 엎드려서 구름 사진을 찍는 게 전부였다.
나는 그냥 꾸어다 놓은 보릿자루나 다름없는
기분이었다." 그러면서도 밝은 면을 찾으며 덧붙였다.
"어쩌면 언젠가 나 혼자 시도할지도 모르겠다."
그녀는 이때 이미 꼭 그렇게 하겠다는 결심을 했을
것이다. 그로부터 불과 4년 뒤, 찰스 린드버그가 최초로
대서양을 단독 횡단한 지 5년 만에 그 일을 해냈다.
신문들은 그녀를 '여자 린디'라고 불렀지만 에어하트는
다른 누군가에 빗댈 수 있는 인물이 아니었다.
어려서부터 나무를 타고, 소총으로 쥐를 잡고, 전통적인

남성의 직업 분야에서 성공한 여성들을 보도한 신문과
잡지 기사를 오려서 스크랩북을 만들던 그녀였다.
그녀의 야망은 처음에는 막연하고 광범위했지만
그럼에도 언제나 높았다. 그녀는 아버지의 불안정한
직업 때문에 이리 저리 옮겨 다니며 4년 동안 여섯 곳의
고등학교에 다녔고, 필수 과목을 네 번이나 들었으며,
궁극적으로 고등학교 졸업 기념 앨범에 '갈색 옷을 입고
늘 혼자 걸어 다니는 소녀'로 기록되었다.(그녀는 졸업은
했지만 졸업식에 불참했다.) 토론토에서 열린 에어쇼에
갔다가 그녀의 야망은 비로소 뚜렷해졌다. 한 곡예
비행사가 재미삼아 그녀를 향해 위험할 만큼 가까이
급강하했다. 에어하트는 꼼짝도 하지 않고 버텼다.
"상식적으로는 혹시라도 뭔가 잘못되면 비행기와
내가 공처럼 함께 구르게 된다는 것을 알았다." 그러나
그녀는 그 자리에서 버텼다. "나는 그때 그 작은 빨간색
비행기가 슝 하고 지나가면서 내게 뭔가 말했다고
믿는다." 비행기가 한 말이 무엇이건, 그 말은 평생
그녀의 마음에 남는다.

# 메리 카사트

**1844년, 미국**

**축일: 5월 22일**

## 여성성의
## 수호성인

어머니의 날에 드릴, 어머니가 응당 받아야 할 만큼 정성스럽게 만들어진 카드는 얼마나 드문가. 그러나 메리 카사트의 동판화로 만든 이 유니세프 카드(5달러)는 바로 그런 카드다. 《뉴욕》, 1985년 5월

여성, 아이, 아이와 함께 있는 여성. 화가 메리 카사트 특유의 그림 소재들이다. 그러나 정작 화가 본인은 어머니가 되어 본 적이 없었다. 카사트는 가까운 친구인 에드가 드가와 마찬가지로 결혼하지 않고 평생 예술에만 전념했다. 여성으로는 어려운 길이었다. 그녀의 아버지는 그녀가 선택한 직업에 대해 이렇게 말했다고 한다. "차라리 네가 죽는 꼴을 보는 게 낫겠구나." 그러나 카사트는 어떤 남자에게도 의지하지 않았고, 그녀가 그린 대상들은 분명히 여성스러우면서도 또한 분명히 여성주의적이기도 하다. 그녀가 그린

Mary
Cassatt

여성들은 조용한 분위기에서 쌍안경으로 오페라를 관람하거나 정원에서 신문을 읽거나 집에서 아이를 목욕시키는 모습으로 등장한다. 1892년에 그녀는 이듬해에 열릴 시카고 세계박람회를 위해 여성들의 역사적 진보를 묘사하는 대형 벽화를 그려 달라는 의뢰를 수락했다. "어떤 여자도 이렇게 그릴 권리가 없다."는 말로 그녀를 칭찬하기를 좋아하던 드가는 무심코 그녀에게 그 프로젝트에 도전하도록 부추긴 셈이 되었다. 그녀는 이렇게 썼다. "그 아이디어만으로 드가는 격노했다. 나는 그에게 어떤 일이 있어도 포기하지 않겠다고 패기 있게 말했다." 삼면화로 제작된 박람회 벽화 「현대 여성(Modern Woman)」은 그녀의 마지막 작품으로, 현재는 남아 있지 않다.* 그녀의 가장 큰 판화 작품 「지식 또는 과학의 열매를 따는 젊은 여성들(Young Woman Plucking the Fruits of Knowledge or Science)」은 남자들 없이 여자들만 가득한 일종의 에덴동산 같은 목가적 풍경을 묘사했다. 그녀는 이렇게 썼다. "한번은 어떤 미국인 친구가 조금은 발끈한 어조로 내게 물었다. '그럼 이건 남자들과의 관계에서 분리된 여자잖아?!' 나는 그에게 그렇다고 말했다. 남자들은 다른 건물들의 벽면에 원기 왕성한 모습으로 그려지고 있다는 것을 나는 믿어 의심치 않는다."

*　이 작품은 2년 뒤 발생한 화재로 소실되었다.

Dorothea
Lange

# 도로시아 랭

**1895년, 미국**
**축일: 5월 26일**

## 독학생의
## 수호성인

그녀는 어린 시절에 앓은 소아마비로 오른쪽
다리에 장애를 입어 평생 다리를 절었다. 그녀는 그것이
"나를 형성하고 인도하고 가르치고 도와준 한편, 내게
굴욕감을 주기도 했다."라고 썼다. 그녀의 어머니는
그녀에게 교사가 되라고 권하며 교사라는 직업이
'기댈 곳'이 될 거라고 말했다. "그건 젊은 여자에게
혐오스러운 말인 것 같아요." 훗날 랭은 말했다.
대신 그녀는 사진가가 되기로 결심했다. 그녀에게는
카메라도 없었지만 그것은 중요하지 않았고, 기술이야
나중에 자연히 따라올 것이라고 생각했다. 그녀는
연방 농업안정국(FSA)을 위해 사진을 찍고 농촌의
빈곤과 이주 노동자, 생활 터전을 잃은 농부들의
모습을 기록하며 현장에서 배웠다.* 그녀는 이렇게

---

\*  1930년대 중반 FSA는 뉴딜 정책의 일환으로 농촌의 현실과 개
   선 과정을 담은 대규모 자료 수집 사업을 진행했다.

회상했다. "우리는 길을 찾아서 가장자리로 슬그머니 들어갔어요. 직감에 의존했지요." 그녀는 대부분의 사람들이 누군가 자신을 봐 주기를 원한다는 것을 알게 되었다. "누가 정말로 당신에게 100퍼센트 관심을 기울일까요? 당신을 치료하는 의사와 치과의사, 당신을 찍는 사진사예요." 세상을 떠나기 1년 전인 1964년에 랭은 FSA를 위해 했던 것과 비슷한 새 프로젝트를 조직하고 싶어 했다. "혹시 특별한 사진가를 만나거든 내게 알려 줘요." 그녀는 한 인터뷰를 끝내며 말했다. "그러겠습니다. 인터뷰에 응해 주셔서 고맙습-"이라고 인터뷰 진행자가 대답하고 있는데 랭이 끼어들어서 덧붙였다. "꼭 전문 사진가일 필요는 없답니다."

# 이사도라 덩컨

**1877년, 미국**
**축일: 5월 27일**

## 춤의
## 수호성인

"이사도라가 하는 것은 뭐든 예술이었다."

존 더스 패서스는 삼부작 소설 『U.S.A』에 이렇게
썼다. 이디스 워턴은 덩컨이 춤추는 것을 처음 봤을 때
"그녀의 춤은 온갖 종류의 아름다움을 보여 주었다."고
표현했다. 우리가 덩컨의 춤이 실제로 어땠는지는
알기 힘들다. 그녀는 자신이 춤추는 모습을 촬영하도록
허락하지 않았고, 또 설령 화면이 있다 해도 그녀의
모습을 온전히 담아 내지 못했을 것이다. 안무가
프레더릭 애슈턴은 이렇게 회상했다. "그녀는 아주
특별한 평온함을 지녔다. 한참동안 아무것도 안 하는
듯 서 있다가 의미심장해 보이는 아주 작은 동작을
하곤 했다." 1921년 런던의 한 극장에서 덩컨의 공연을
처음 보았을 때 애슈턴은 겨우 열일곱 살이었다. 당시
40대였던 던컨은 몸에 살이 붙고 술독에 빠져 살았으며
파산 상태였다. 그녀는 비극의 저편에서 살고 있었다.

Isadora
Duncan

자동차 사고로 어린 자녀 둘이 센 강에 빠져 익사한 뒤 힘겨운 8년의 시간을 보냈던 것이다. 큰 영광뿐 아니라 큰 슬픔으로 점철된 그녀의 굴곡진 인생에서 자식의 죽음은 가장 큰 슬픔이었다. 그녀의 아버지는 난파 사고로 사망했다. 그녀는 자신의 야성적인 춤 동작이 해안가에 파도가 부딪히며 부서지는 것을 보면서 만든 것이라고 말했다. 그녀의 죽음마저도 악명 높을 만큼 비극적이었다. 그녀가 타고 있던 자동차 뒷바퀴에 스카프가 감겨 질식사한 것이다. 덩컨은 미친 듯 자유롭게 인생을 살았고, 마찬가지로 미친 듯 자유롭게 춤을 추었다. 그녀는 이렇게 말했다. "처음부터 나는 내 인생이라는 춤을 춘 것뿐이다."

Sojourner
Truth

# 소저너 트루스

**1797년, 미국**
**축일: 6월 1일**

## 연설가의
## 수호성인

> 남자는 너무 이기적이어서 여자의 권리와
> 자신의 권리를 모두 취했다. **소저너 트루스**

1851년 오하이오 주 애크런에서 열린
여성인권대회에서 소저너 트루스가 했던 연설, 그
후렴구를 따서 「나는 여성이 아닌가요?(Ain't I a
Woman?)」로 불리는 그녀의 가장 유명한 연설은 현재
믿을 만한 필사본이 남아 있지 않다. 트루스는 즉흥으로
연설했다.(그녀는 글을 읽을 줄도 쓸 줄도 몰랐다).
오하이오에서 발행되던 신문《반노예제 나팔》은
그녀의 연설을 대회에서 '가장 독특하고 흥미로운
연설'이었다며 이렇게 전했다. "그 연설이 청중들에게
미친 영향을 충분히 전달하는 것은 불가능하다. 강단
있어 보이는 모습과 진심을 다하는 열렬한 몸동작을
직접 보고 강하고 진실된 어조를 직접 들은 사람만이

그 진가를 알 수 있다." 나중에 재구성된 그녀의 연설은 남부 방언으로 표기되었지만, 사실 그녀는 모국어였던 네덜란드어 억양으로 말했다.* 또한 트루스는 남부 노예 해방의 상징이었지만 사실 뉴욕 출신이었다. 1797년 허드슨 강 근처에서 이저벨라 바움프리라는 이름의 노예로 태어난 그녀는 주인이 해방시켜 주겠다는 약속을 어기자 어린 딸과 함께 자유를 찾아 탈출했다. "난 뛰어서 도망치지 않았어요. 그건 떳떳치 않아 보였거든요. 대신 걸어서 나갔죠. 그건 괜찮다고 믿었으니까요." 역사학자 칼턴 메이비에 따르면 소저너는 1843년에 마흔여섯 살이 되어서야 비로소 '여성과 흑인의 인권을 보장하기 위한 운동의 국가적 인물'로 떠올랐다. 그녀는 이렇게 말했다. "주님은 제게 이곳저곳 다니며 사람들에게 그들의 죄를 보여 주고 그들에게 상징이 되라는 의미로 소저너(체류자)라는 이름을 주셨습니다. 나중에 저는 주님께 모든 사람이 성과 이름을 가지고 있으니 저도 성도 원한다고 청했고, 그러자 사람들에게 진실을 선언하라는 의미로 트루스라는 성을 내려주셨죠."

---

\*      그녀는 네덜란드 정착민 소유의 노예 부모 사이에서 태어났고, 9살에 다른 농장으로 팔려갈 때까지 네덜란드어로만 말할 줄 알았다.

# 조세핀 베이커

**1906년, 미국**

**축일: 6월 3일**

## 독립적인 이의
## 수호성인

      1934년 아프리카계 미국인 배우가 출연한 최초의
흥행 영화 「주주」에서 조세핀 베이커는 반짝이는
원피스 차림으로 미소 지으며 파트너 없이 자신의
그림자와 함께 엉덩이와 어깨를 흔들면서 춤을 춘
것으로 유명하다. 그것은 몇 사람 몫의 용기와 에너지를
가진 여성에게 딱 어울리는 모습이다. 프레다 조세핀
맥도널드라는 이름으로 태어난 세탁부의 딸은 돈을
벌려고 길모퉁이에서 춤을 추기 시작했다. "어느
날 나는 흑인인 것을 두려워해야 하는 나라에 살고
있다는 사실을 깨달았죠." 훗날 그녀가 말했다. 그래서
배를 타고 대서양을 건너 파리로 간 그녀는 유명한
버라이어티 쇼 극장인 폴리 베르제르에서 유명해졌다.
유럽에서 그녀는 '검은 비너스', '호박색 여왕', '크리올
여신' 등으로 알려졌다. 파블로 피카소는 그녀를
'현대의 네페르티티'*라 칭했다. 그녀는 1930년대와

Josephine
Baker

1940년대에 프랑스 레지스탕스의 스파이가 되어 속옷에 메시지를 숨겨서 전달했다. 1950년대와 1960년대에는 인권 운동가가 되어 마틴 루터 킹 주니어, 로자 파크스와 함께 워싱턴 행진에 모습을 드러내기도 했다. 네 번 결혼하고 네 번 이혼했다. 그리고 전 세계에서 열두 명의 아이를 입양하여 소위 '무지개 부족'을 이루었다. 또한 파리 나이트클럽에서 치키타라는 이름의 다이아몬드 목줄을 찬 치타를 포함한 많은 이국적인 동물을 공연에 동원했다.(또한 고무 바나나로 만든 치마를 입고 공연하기도 했다.) 그녀는 국적도 본인이 선택하여 미주리 주 세인트루이스에서 태어난 유일한 프랑스 여성이 되었다. 베이커는 지금도 여전히 외면하기 힘든 하나의 정신을 구현했다. 거의 80년이 지난 후에 유튜브에 올라온 「주주」의 한 장면을 본 한 네티즌은 "몸 전체로 미소 짓는 최초의 사람 중 하나"라는 의견을 표했다.

---

\*    기원전 13세기 이집트 파라오의 왕비. 거의 완벽한 형태로 남아 있는 흉상으로 유명하다.

**The Williams Sisters**

# 윌리엄스 자매

**1980년과 1981년, 미국**

**축일: 6월 7일**

## 운동선수의 수호성인

2001년에 스무 살과 열아홉 살의 비너스와 세리나 윌리엄스는 인디언웰스 마스터스 대회 준결승전에서 맞수로 만나 경기를 펼칠 예정이었다. 그런데 대회 당일 비너스는 건염을 이유로 기권했다. 이것은 결승을 대비해 자매의 대결을 피하려 한 아버지 리처드의 작전이라는 의심과 비난을 받았다. 며칠 뒤 결승에 오른 세리나는 경기에 나와서 대중들의 야유를 받고 인종적 비방도 들었다. 세리나는 경기에서 이겼지만 몇 시간 동안 탈의실에 틀어박혀 울었다. 그녀는 나중에 인터뷰에서 말했다. "십 대 여자에게 야유를 보내는데, 그들은 백인이고 육십 대예요. 무슨 말인지 아시겠죠? 뭐, 괜찮아요."

윌리엄스 자매는 그들의 위치에 오르기 위해 평생 노력했다. 일곱 살과 여덟 살에 뜨거운 뙤약볕이 내리쬐는 캘리포니아 남부의 테니스 코트에서 훈련을 시작했다. 아버지이자 트레이너인 리처드 윌리엄스가 "잘 쳤다!"라고 말하면 비너스가 "고마워요. 아빠."라고 대답하곤 했다. 그곳은 1980년대 후반의 콤프턴*이었고, 두 소녀가 코트에서 테니스를 칠 때면 마치 총성이 들리는 듯했다. 리처드는 딸들이 활동을 시작한 초반에 이미 전신주에 홍보 포스터를 붙이고 다녔다. "비너스 윌리엄스는 바로 콤프턴 출신이다(Venus is Straight Outta Compton)!"** 자매는 등교 전에도 방과 후에도 아버지가 운전하는 테니스공이 가득한 식료품 카트가 실린 노란색 폭스바겐 버스를 타고 다니며 연습을 했다. "이 애들은 프로 선수가 될 거예요." 어머니이자 코치인 오러신이 말했다. "우린 변호사가 필요할 거예요. 회계사도요." 이 두 아프리카계 미국인 소녀는 역사적으로 백인들의 스포츠였던 테니스를 정복했다. 자매는 서로 돌아가며 단식 부문에서 여자 테니스 랭킹 1위를 차지하는 한편 복식으로 1위의 자리를 공유하기도 했다. 14년간 인디언웰스 대회에 참가하기를 거부했던 세리나는 2015년에 그곳으로 돌아갔다. 이번에도 그녀는 이겼다.

---

\*　　LA의 대표적인 흑인 거주지. 힙합 탄생지로 유명하고 많은 갱단들의 활동 무대이다.

\*\*　'Straight Outta Compton'은 콤프턴 출신의 유명한 힙합 그룹 NWA의 데뷔 앨범 명이기도 하다.

# 안네 프랑크

**1929년, 독일**
**축일: 6월 12일**

## 일기 작가의
## 수호성인

안네 프랑크는 1944년 2월에 이런 일기를 썼다. "우리 둘은 파란 하늘과 아침 이슬로 반짝이는 벌거벗은 마로니에 나무를 바라보았다. 그리고 감동에 겨워 넋을 잃고 아무 말도 하지 못했다." 그녀는 비밀경찰에 발각되어 베르겐-벨젠 강제 수용소로 압송되기 전까지 실내 은신처에 숨어서 바깥세상을 그리워하며 2년을 보냈고, 그 시간들을 일기에 기록했다.(그리고 수용소에서 열다섯 살의 나이로 생을 마감했다.) 어느 날 그녀는 또 이렇게 썼다. "마로니에 나무에 잎이 돋아났다. 여기저기 작은 꽃송이도 몇 개 보인다." 나무는 다락방 창문 너머에 서 있었다. 안네는 그 나무를 통해 시간의 흐름을 가늠했고 그 나무를 통해 다른 삶을 상상하며 가슴에 희망을 품었다. "마로니에 나무가 만개했다. 이파리가 가득 덮이고 작년보다 훨씬 더 아름다워졌다." 안네 프랑크의

143

Anne
Frank

나무는 강철 지지대로도 버틸 수 없는 상태가 될
때까지 이후로도 65년간 그 자리에 서 있었다. 안네의
88번째 생일이었던 2017년 6월 12일, 로어맨해튼에
있는 리버티 공원에 그녀를 기념하여 하얗게 꽃이 핀
마로니에 나무를 심었다. 이 나무는 안네 프랑크의
나무에서 채취한 씨앗에서 자란 십여 그루 중 하나였다.

The Mirabal
Sisters

# 미라발 자매

**1924년, 1926년, 1935년,
도미니카공화국
축일: 6월 14일**

## 반독재 운동의
## 수호성인

　　도미니카에서 독재자 라파엘 트루히요에 맞선
저항 운동을 주도했던 사람들에게 미네르바와 마리아
테레사, 파트리아 미라발은 '마리포사'*였고, 독재자에
맞서 중산층을 결집시키려다가 투옥된 투사였고, 결국
트루히요의 하수인에게 목숨을 잃은 순교자였다. 데데
미라발**에게 그들은 자신의 언니들이었다. "미네르바는
두뇌였고, 마리아 테레사는 불꽃이었고, 파트리아
언니는 접착제였어요. 저요? 자매들의 이야기를
여러 세대에 걸쳐서 전파한 존재죠." 데데는 남편의
반대로 자매들의 투쟁에 직접 투신하지 못했지만,
나머지 세 나비는 트루히요가 자행한 대학살의 날을
기념해 이름 붙인 '6월 14일 운동'이라는 반독재
조직을 이끌며 은밀하게 회합을 갖고 무기를 모으고

---

*　　지하운동을 하면서 얻은 별명으로 '나비'라는 뜻.
**　　미라발 자매 중 둘째.

트루히요 정권에 의해 억울하게 희생된 사람들에
대한 유인물을 만들어 배포했다. 자매들은 자신들이
어떤 위험에 처해 있는지 알았다. "어쩌면 우리에게
죽음이 가장 가까이 닥쳐왔는지도 모르지만, 그래도
두렵지는 않아요. 우리는 정의를 위해 계속 싸울
겁니다." 마리아 테레사가 말했다. 그들의 살해
소식이 대중들에게 알려지자(트루히요 정권은 그녀들을
폭행하고 목 졸라 살해한 뒤 시신을 자동차에 싣고 언덕
아래로 굴려 떨어뜨렸다.) 저항은 더욱 대담해졌다. 6개월
뒤 트루히요는 결국 암살되었다. 1990년대에 데데는
미라발 자매 박물관을 건립하고 그들을 기리기 위한
재단을 설립했다. 그녀는 이렇게 말했다. "언니들을
모두 잃은 것을 생각하면 가슴 아프지만, 언니들을
통해 우리가 얼마나 많은 것을 얻었는지 생각하면
자랑스러움에 미소 짓게 됩니다. 언니들의 이야기를
전파하는 것은 제게 영광스러운 일이에요."

# 베나지르 부토

**1953년, 파키스탄**
**축일: 6월 21일**

## 민주주의의
## 수호성인

파키스탄 카라치의 도로변은 환영 인파로 가득했다. 페르베즈 무샤라프에 의한 군사 쿠데타 이후 9년간 망명을 떠났던 베나지르 부토 전 총리가 귀환하는 날이었다. 부토는 자동차 행렬 속에서 지지자들에게 손을 흔들었다. 그녀의 아버지 줄피카르 알리 부토가 창립한 파키스탄의 좌파 사회주의 진보 정당 파키스탄인민당(PPP) 후보로 2008년 총선을 준비하기 위해 입국했다. 그런데 뭔가 잘못되었다. 그녀는 가로등이 차례로 꺼지는 것을 느꼈다. 그리고 그 순간 폭탄이 터졌다. 두 차례의 자살 폭탄 테러로 180명이 죽고 500명이 다쳤다. 피해자는 대부분 PPP 당원들이었다. 이 공격의 배후에는 정부가 있는 것으로 보였다. 무샤라프 정부는 지극히 기본적인 보안 대책조차 제공하지 않았다. 암살 시도에서 살아남은 부토는 아이들이 있는 두바이의 집으로

Benazir
Bhutto

갔지만 그곳에 머문 기간은 며칠에 그쳤다. 그녀의 작은 딸 아시파는 그녀의 말을 기억한다. "목숨은 신의 손에 달려 있단다. 만일 내가 죽는다면 그건 신의 선택이야." 당시 큰 딸 박타와르는 열여덟 살 생일을 한 달 앞두고 있었다. 떠나기 전날 밤, 부토는 딸에게 미리 생일을 축하한다고 말했다. "엄마가 떠난 뒤 서랍에서 목걸이를 발견했어요. 목걸이에는 '열여덟 번째 생일을 축하하며'라고 쓰여 있었죠. 엄마는 마음의 준비를 했던 것 같아요." 박타와르는 회상했다. 베나지르 부토는 파키스탄으로 돌아갔고 또 한 번의 암살 시도가 이어졌다. 그리고 이번에는 살아남지 못했다. 역시 조국을 위해 목숨을 바친 아버지와 두 오빠를 둔 부토는 "진실을 위한 투쟁은 중요하며 언젠가 응답을 받을 날이 올 것이다."라고 믿었다. 부토는 그 응답을 확인하지 못했지만, 그녀의 암살 사건은 파키스탄에 전국적인 봉기의 촉매제로 작용했고, 결국 '가장 큰 복수는 민주주의'라는 그녀의 메시지를 내건 PPP가 다시 여당으로 집권하게 되었다.

Helen
Keller

# 헬렌 켈러

**1880년, 미국**

**축일: 6월 27일**

## 낙관주의의
## 수호성인

"만일 이 세상에 우울해할 권리가 있는 사람이 있다면, 그것은 이 재능 넘치는 젊은 여성일 것이다." 1903년《교육 저널》은 헬렌 켈러의 에세이 『낙관주의(Optimism)』에 관한 서평을 이렇게 시작한다. 찬양 일색은 아니었지만 호의적인 서평이었다. "그녀의 글을 읽다 보면 계속해서 놀라게 된다. 섬세한 언어 구사력에 놀라고, 해박한 역사적 지식에 놀라고, 희망의 정신에 또 한 번 놀란다." 물론 놀랄 수 있지만, 꼭 그래야 할 필요가 있을까? 마크 트웨인은 그녀를 '잔다르크 이후 가장 위대한 여성'이라 칭했지만, 시각장애와 청각장애가 있었던 켈러는 그녀가 이룬 업적보다는 장애의 측면에서 더 자주 이야기되는 경향이 있다. 그녀가 장애를 극복한 이야기 — 사실은 헬렌 켈러 자신과 그녀의 선생님이자 친구인 앤 설리번, 이렇게 두 여성이 함께 극복한 이야기 — 는 놀랄 만한

것이었다. 그녀는 말하는 법을 배웠다. 심지어 연설도
했다. 그렇다. 그녀는 분명 장애인들의 옹호자였다.
그러나 그녀는 또한 여성 참정권 운동가였으며 반전
운동가이기도 했다. 또한 미국시민자유연맹(ACLU)의
창립자 중 한 사람이었다. 주변 세상에 영향을 끼치려는
성향은 어쩌면 그녀의 어려운 시작에서 비롯된 것인지
모른다. "아는 것이 행복이다." 그녀는 편지에 이렇게
썼다. "인류의 진보를 이끌어 온 사상과 행동 들을
안다는 것은 수세기에 걸친 인간의 위대한 심장 박동을
느끼는 것이다. 만일 이런 심장 박동 속에서 천국을
향한 노력을 느끼지 못한다면 삶의 화음을 듣지 못하는
것과 마찬가지다."『낙관주의』에 관한 서평은 이렇게
결론짓는다. "그녀의 노래는 새의 노래다. 우리의 귀는
장애 너머에서 그녀가 부르는 환희의 선율에 기꺼이
귀 기울일 것이다." 사실 그녀는 장애를 넘어선 지
오래였다.

# 프리다 칼로

**1907년, 멕시코**

**축일: 7월 6일**

## 화가의
## 수호성인

멕시코시티 거리에서 발생한 버스와 전차의 충돌 사고가 열여덟 살 소녀 프리다 칼로의 인생을 송두리째 바꿔놓았다. "처음에 우리는 다른 버스에 탔었는데 우산을 두고 온 게 생각나서 그걸 찾으러 가려고 문제의 버스를 타게 되었죠." 그녀는 회상했다. 버스 손잡이용 쇠파이프가 그녀의 하체를 관통해 척추와 골반이 부러지고, 다리뼈가 부서졌다. 사고 전에는 의과대학에 진학해 의사가 되고 싶었지만 사고 후에는 혼자서는 아무것도 할 수 없는 환자가 되었다. 오랜 회복 기간 중에 그림을 진지하게 생각하기 시작했고 침대에서 작업할 수 있도록 침대 옆에 이젤을 세웠다. 사고에서 다행히 가벼운 부상만 입은 프리다의 남자친구는 운명을 바꿔놓은 그날 사고의 잔해 속에서 그녀를 발견했다. 그가 묘사한 당시의 이미지는 프리다가 훗날 그리게 되는 환상적인 그림의 한 장면처럼 들린다.

Frida
Kahlo

"뭔가 이상한 일이 일어났어요. 프리다는 완전히 나체 상태였죠. 충돌로 옷이 벗겨진 거예요. 버스 안에 아마 페인트 칠 업자가 타고 있었던 것 같은데, 그가 가지고 있던 금가루가 든 통이 깨지면서 피를 흘리고 있는 프리다의 몸 전체에 금가루가 뿌려졌어요. 사람들이 '무용수다, 무용수야!'라고 소리쳤어요. 피를 흘려서 붉어진 몸에 금가루가 뒤덮인 것을 보고 프리다를 무용수라고 생각한 거죠."

**Malala
Yousafzai**

# 말랄라 유사프자이

**1997년, 파키스탄**

**축일: 7월 12일**

## 학생의
## 수호성인

열두 살이었던 그녀는 적대적인 극단주의 집단이 점령한 곳에서 삶에 대해 일기를 쓰기 시작했다.

밤은 포화로 가득했다.

교장선생님이 방학을 선언했지만 개학이 언제인지는 언급하지 않았다……. 학교를 나서면서 나는 다시 돌아오지 못할지도 모른다는 생각에 하염없이 건물을 바라보았다.

저녁에 TV를 틀었는데 라호르에서 일어난 폭발 사건에 대한 뉴스가 나왔다. 나는 혼잣말을 했다.

"왜 파키스탄에서는 끊임없이 폭발이 일어나는 거지?"

텔레비전과 고유명사를 빼면, 이 일기는 1942년에 시작된 또 다른 유명한 일기와 별로 다르게

들리지 않는다. 그러나 세계가 안네 프랑크의 일기를
읽게 되기까지 몇 년을 기다려야 했지만, 말랄라
유사프자이의 일기는 2009년 BBC방송 우르두어*
블로그에 거의 실시간으로 올라왔다. 일기 공개와
뒤이은 그녀에 관한《뉴욕 타임스》다큐멘터리는
말랄라가 빼앗긴 여성들의 교육권을 옹호할 수 있는
발판을 제공했다. 그러나 그런 관심 때문에 그녀는
탈레반의 표적이 되었고, 열다섯 살에 괴한이 쏜 총에
머리를 맞았다. 하지만 그녀는 목숨을 건졌다. 그리고
UN 본부에서 열린 국제청소년회의에서 총격 이후
첫 번째 연설을 했다. "우리에게 책과 펜을 들게 해
주십시오. 그것은 우리의 가장 강력한 무기입니다.
한 사람의 아이, 한 사람의 선생님, 한 자루의 펜,
한 권의 책이 세상을 바꿀 수 있습니다. 교육만이
유일한 해결책입니다." 그리고 1년 뒤 말랄라는
노벨 평화상을 받아 역사상 최연소 노벨상 수상자가
되었다.

*    파키스탄의 공용어.

# 거트루드 벨

**1868년, 영국**

**축일: 7월 14일**

## 여행자의
## 수호성인

영국 노스요크셔의 어느 커다란 벽돌 건물
한쪽 벽에는 "학자이자 여행가이자 행정가이자
평화운동가이자 아랍인들의 친구였던 거트루드
로디언 벨이 한때 이 집에 살았다."라고 쓰인 현판이
붙어 있다. 이곳은 부유한 자본가의 딸이었던 젊은
거트루드가 성장한 집이지만, 그녀가 정말 집처럼
느끼는 곳은 아니었다. 거트루드는 스물네 살에
이모부가 영국 공사로 주재하고 있는 테헤란으로
건너갔고, 그와 함께 그녀에게 새로운 세상이 열렸다.
당시에 그녀처럼 장서와 텐트, 다기 세트를 지니고
중동 전역을 여행하는 유럽인이 흔치 않았고, 더구나
빅토리아 시대의 여성이라면 더더욱 그랬다. 그녀는
그곳에서 만난 사람들에게 열렬한 애정을 느꼈다. I차
세계대전 후에 아랍의 독립을 소리 높여 옹호했고
영국 정보부를 위해 일하면서 「메소포타미아의

Gertrude
Bell

민족자결」이라는 보고서를 제출했다. 그리고 1918년에
바그다드에서 아버지에게 이런 편지를 썼다. "사랑하는
아버지. 저는 제 인생에서 가장 흥미로운 시간을 보내고
있어요……. 사람들에게 국가의 미래가 자신들의 손에
달려 있는데 어떻게 하면 좋겠느냐는 질문을 받는
것은 흔히 있는 일이 아니잖아요." 그녀는 1921년
카이로회담의 유일한 여성 참가자로서 장차 이라크가
될 나라의 지리적, 정치적 구조를 확립하는 데 중요한
역할을 했다. 이어서 이라크 국립도서관 위원회에서
활동했고 바그다드 고고학 박물관을 건립했다. 이
박물관은 후에 이라크 국립박물관이 되었다. "저는 이
땅을 사랑하게 되었어요. 이 땅의 풍경과 소리도요."
그녀는 아버지에게 썼다. "저는 결코 중동이 싫증 나지
않고 낯설게 느껴지지도 않아요……. 이곳은 제2의
조국이에요. 가족이 영국에 있지 않다면, 절대 돌아가고
싶지 않을 거예요."

Ann &
Cecile Richards

# 앤 & 세실 리처즈

**1933년, 1957년, 미국**

**축일: 7월 15일**

**모녀의**
**수호성인**

나는 나 자신에 대한 기대가 컸다. 나는 최고의
어머니, 최고의 아내, 최고의 연예인, 최고의 간호사가
되고자 했다. 꼭 최고가 되려고 했다. 그러나 나는 이
모든 기대에 부응할 수 없었다. **앤 리처즈, 전 텍사스 주지사**

엄마는 우리 여자들은 항상 완벽한 상황을
기대한다고 했다……. 그러나 그런 일은 결코 일어나지
않는다. 그래서 엄마는 항상 내게 말했다. 새로운
기회가 오면, 바로 잡아야 한다고. 나는 일상생활에서
엄마의 그런 면을 받아들이려 노력한다.

**세실 리처즈, 가족계획연맹 회장**

내 묘비에 '그녀는 항상 집을 청결하게
유지했다.'라는 비문이 쓰이는 걸 원치 않는다. 나는
'그녀는 모두를 위한 정부를 열었다.'라는 말로
기억되고 싶다. **앤**

우리를 가장 낙담하게 만드는 것은 우리의 딸들과 손녀들이 누리게 될 권리가 우리가 누리는 것보다 적을 수 있다는 생각이다. 엄마라면 절대 그것을 용납하지 못할 것이다. 나 역시 그러지 못한다. **세실**

나는 머리 스타일 때문에 조롱당하는 일이 많은데 그런 말을 하는 건 대머리 남자들이다. **앤**

엄마로서 가장 자랑스러운 순간 중 하나는 라디오 방송에서 러시 림보*가 큰딸 릴리**의 이름을 언급했을 때였다. 그때 이런 생각이 들었다. '부모로서 내가 할 일은 끝났군.' **세실**

---

\*     미국의 방송 진행자이자 보수주의 정치평론가.

\*\*    세실 리처즈의 딸 릴리 애덤스는 힐러리 클린턴 대선 캠프에서 공보 비서로 일했다. 그녀는 러시 림보가 방송에서 여성 비하 발언을 한 데 대해 비판한 적이 있다.

# 아이다 B. 웰스

**1862년, 미국**
**축일: 7월 16일**

## 정의 구현의
## 수호성인

　　한 백인 여성이 테네시 주 잭슨에서 사망한
채 발견된다. 시신에서 비소가 검출되었다. 사망한
여성의 가정부였던 흑인 여성의 집에서 쥐약 상자가
발견되었다. 그것이 그녀를 교도소로 보내기에 충분한
증거로 취급되었다. 폭도들이 그녀에게 달려들어
린치를 가했다. 폭도들은 법원 구내에서 그녀를
벌거벗겨 목을 매달고 총을 쏴서 온몸을 벌집으로
만들었다. 얼마 후 백인 여성의 남편이 아내를
독살했다고 자백했다. 미시시피 주 퀸시에서 우물에
독을 풀었다고 의심받은 한 흑인 남성도 린치를 당했다.
그러나 이번에는 폭도들이 진짜 범인을 잡았다고
확신하지 못하고 더 넓은 그물을 던져 그 남자의 아내와
장모, 두 친구에게까지 린치를 가했다. "하느님 맙소사!
그런 엄청난 일들이 일어났는데도 그에 대한 처벌
하나 없다니!" 아이다 웰스는 썼다. "미국의 기독교는

Ida B. Wells

이 끔찍한 사건에 대해 들었고 사건의 전모를 읽었다. 그런데 언론도 종교계도 그 문제에 지나가는 말 이상의 반응을 보이지 않았다." 웰스의 사명은 세상이 그 이야기를 듣게 만드는 것이었다. 그녀는 미국과 유럽을 돌며 연설을 하고 탐사 보도 기사를 쓰고 "우리나라의 국가적 범죄"가 어떻게 많은 남부 백인들이 흑인의 경제적 향상을 가로막는 방법이 되었는지 밝혔다. 또한 1895년에는 시카고 세계박람회가 흑인 사회를 배제했다며 참가 거부 운동을 이끌었다.(이때 우리의 수호성인 중 한 사람인 메리 카사트의 벽화 「현대 여성」도 나름대로 파문을 일으켰다.) 그녀는 『왜 미국의 유색 인종은 세계박람회에 참가하지 않는가(The Reason Why the Colored American Is Not in the World's Columbian Exposition)』에서 이렇게 썼다. "이렇게 생트집을 잡는 남자들이 폭도를 부추기거나 이끌어 린치를 가하게 하고 있다. 그들은 흑인의 목숨은 값어치가 없다고 주장하는 인종, 전보와 신문을 비롯해 외부 세계와 소통할 수 있는 모든 통신 수단을 소유하고 있는 인종에 속한 자들이다. 마스크 따위는 진즉에 벗어던졌고 이제는 아예 백주대낮에 린치가 일어나고 있다." 웰스의 사명은 사람들이 그것을 똑바로 보게 만드는 것이었다.

Sally Ride

# 샐리 라이드

**1951년, 미국**
**축일: 7월 23일**

## 별들의
## 수호성인

 1983년 6월 샐리 라이드는 6일 2시간 23분 59초 동안 이 행성을 떠났다. 그녀는 우주왕복선 '챌린저'호에 승선하여 지구의 궤도를 돈 최초의 미국인 여성이었다. 발사 며칠 전부터 언론의 취재 열기가 뜨거웠고, 미국항공우주국(NASA)은 영웅 공장으로 그려졌다. 그러나 라이드는 기자들의 무지막지한 질문을 참기 힘들었다. 비행이 당신의 생식 기관에 영향을 줄까요? "그렇다는 증거는 없습니다." 일하다가 문제가 생기면 울음을 터뜨리나요? "어째서 릭에게는 아무도 그런 질문을 하지 않는 거죠?" 엄마가 될 생각인가요? "제가 대답할 생각이 없는 거 눈치 못 채셨나요?" 그런 질문들의 남성우월적인 특성을 지적한 기사들마저 라이드에게 '무심한 주부'라는 딱지를 붙였다. 스탠퍼드 대학교에서 물리학 박사 학위를 받은 그녀는 학생 신문에 난 구인 광고를 보고

지원하여 NASA에서 일하기 시작했고 여자보다는
우주비행사로 인식되기를 바랐다. 그러나 훗날 '샐리
라이드 과학재단'이라는 비영리 재단을 설립하여
특히 여학생들 중심으로 어린이들의 과학 교육에
힘썼다. 챌린저호 탐사 당시 서른두 살이었던 라이드는
또한 역사상 우주에 간 최연소 미국인이기도 했다.
그러나 그녀가 다른 의미에서 영웅이 된 것은 그녀가
생을 마감할 때였다. 췌장암을 앓던 라이드는 죽음을
며칠 앞두고 부고를 통해 자신이 성소수자임을
밝히기로 결심했다. 이로써 그녀는 최초의 성소수자
우주비행사로 알려지게 되었다. 그로부터 1년 뒤
그녀에게 사후 대통령 자유 훈장이 수여되었고, 27년간
그녀의 반려자였던 탐 오쇼너시*가 대신 수훈했다.

---

\*    테니스 선수이자 과학 작가. 샐리 라이드와 함께 '샐리 라이드
     과학재단'을 설립했다.

# 벨라 앱저그

**1920년, 미국**
**축일: 7월 24일**

## 변호사의
## 수호성인

배심원은 불과 2분 30초 만에 심의를 끝냈다.
윌리 맥기에게는 승산이 없었다. 그는 1945년에
미시시피에서 백인 여자를 성폭행했다는 혐의로
기소된 아프리카계 미국인이었다. 그것이 그가 살던
시대와 장소에서 맥기 같은 남자들이 처한 운명이었다.
그러나 재판의 불공정함과 판결의 신속함은 곧
전국적인 관심을 끌었다. 그것은 윌리엄 포크너와
앨버트 아인슈타인까지 맥기를 옹호하고 나설 만큼
세인의 관심을 받는 이슈가 되었다. 그리고 그 사건에
특별한 관심을 갖게 된 28세의 뉴욕 출신 변호사가
맥기의 항소를 맡았다. 유대계 러시아 이민자의 딸인
벨라 앱저그는 편견에 대해 알 만큼 알았고 그것을
용납하지 않았다. 그녀가 하원의원으로 당선되기
한참 전, 여성 해방과 동성애자 인권을 위한 부단한
투쟁으로 '싸움꾼 벨라'라는 별명을 얻게 되기

Bella Abzug

한참 전에, 그녀는 일련의 시민권 논지에 입각하여 맥기의 변론을 작성하고 합의에 의한 인종 간 관계의 증거를 과감하게 사건 기록에 포함시켰다. 그 전략은 궁극적으로 실패했지만, 앱저그는 남부 성폭행법의 실체를 폭로하는 데 성공했다. 그것은 권력자들이 백인 여성들에게 주체성을 박탈하는 동시에 아프리카계 미국인을 통제하는 방식이었다. 인종 간 관계가 합의에 의한 것일 수 있다는 주장은 격분을 샀지만, 앱저그는 꿈쩍도 하지 않았다. 미시시피 주 잭슨의 한 지역 신문의 편집자는 "앱저그는 변호사로든 개인적으로든 다시는 미시시피에 한 발자국도 들여놓지 못할 것이다."라고 선언했다. 그녀는 바로 다음 날 보란 듯이 잭슨에 갔다.

Kasha
Nabagesera

# 카샤 나바게세라

**1980년, 우간다**
**축일: 8월 1일**

## 커밍아웃의
## 수호성인

　　2010년 10월,《롤링스톤》(동명의 미국 잡지와는
무관)이라는 우간다의 주간지 1면에 우간다의 '주요
동성애자 100명'의 이름과 주소가 사진과 함께 실렸다.
기사 제목은 '저들을 교수형에 처하자'였다. 그 100명
중에는 우간다 성소수자 시민권 운동의 어머니 카샤
나바게세라도 있었다. 나바게세라는 동성애가 불법인
우간다에서 남녀 동성애자와 양성애자, 성전환자,
간성애자를 보호하기 위한 인권단체 '프리덤 앤드 롬
우간다(FARUG)'를 창립한 스물세 살 때부터 표적이
되었다. 2010년의 그 기사 이후, 나바게세라는 100명의
명단을 공개한 그 주간지를 상대로 헌법에 명시된
개인정보 보호법 위반에 대한 소송을 제기했다. 그 결과
《롤링스톤》은 폐간 처분을 받았지만, 명단에 올랐던
많은 사람들이 일자리와 집을 잃었고, 적어도 한 명이
목숨을 잃었다.(활동가이자 우간다 최초로 동성애자임을

공개한 인물인 데이비드 카토는 구타당해 사망한 채
그의 집에서 발견되었다.) 그녀를 날마다 따라다니는
위협에도 불구하고, 나바게세라는 떠나지 않고 있다.
"내 동지들이 나와 함께할 수 없다 해도, 그런 사람들이
많이 있다는 걸 알아요. 다른 나라 활동가들의 활동을
보고 그들이 이미 이뤄 놓은 것을 보면 우리에게
원동력이 되죠." 그녀는 말한다. "제가 지금 쟁취하려는
것을 제 살아생전에는 누리지 못할지도 모르지만, 제가
미래의 세대에게 기여했다는 것에서 긍지와 행복을
느낍니다."

# 메리 에드워즈 워커

**1832년, 미국**
**축일: 8월 12일**

**외과의의
수호성인**

"난 남자 옷을 입는 게 아니에요, 내 옷을 입는 거죠." 미국 최초의 여성 외과의는 바지를 선호하는 자신의 취향에 대해 이렇게 말했다. 그녀는 당시에 유행하던 치렁치렁한 롱스커트와 여러 겹의 속치마가 거추장스러울 뿐 아니라 비위생적이라는 사실을 알았다. 몇 겹의 치맛단이 가는 곳마다 먼지와 흙을 쓸고 다녔다. 그녀는 1855년 자신의 결혼식 때도 바지를 입었고, 결혼 서약에 남편에게 '복종'한다는 표현을 포함시키는 것을 거부했으며, 결혼 후에도 자신의 성을 계속 사용했다. 뉴욕 주 시러큐스에서 (유일한 여학생으로) 의대에 진학한 뒤, 메리 에드워드 워커는 여의사를 찾는 사람이 별로 없어서 개인 병원을 개원하기가 어렵다는 것을 깨달았다. 남북전쟁이 발발했을 때 북군은 그녀에게 의사가 아닌 간호사로 일하는 것만을 허락했다. 직함만 그랬을 뿐 그녀는

Mary Edwards
Walker

모든 면에서 현장 의사로서 무상 봉사하다가, 전쟁이 시작되고 2년 만에 공식 의사 직함을 받게 되었다. 다리 절단 수술을 돕기 위해 적진으로 침투했다가 남군에게 포로로 잡혔을 때, 한 남군 대위는 제복을 갖춰 입은 그녀를 보고 '재미있기도 하고 혐오스럽기도 했다.'고 썼다. "외모도 볼품없었고, 당연히 남자들 한 소대에 대적할 만큼 입도 거칠었다." 그녀는 전쟁 포로로 4개월을 보냈다. 지금까지도 그녀는 무공(武功)으로 명예훈장을 받은 유일한 여성이다. 워커는 나머지 삶도 계속 일을 하며 보냈다. 여성 교도소에서, 고아원에서, 그리고 여성 의복 개혁의 옹호자로서. 그녀는 의회에 출석해 여성 참정권에 관해 두 차례 증언했지만, 여성이 투표권을 갖게 되기 1년 전인 1919년에 세상을 떠났다. 그녀는 검은 정장 차림으로 묻혔다.

Jin Xing

# 진싱

**1967년, 중국**

**축일: 8월 13일**

## 자기 창조의
## 수호성인

　　중국의 댄스오디션 프로그램 「유 캔 댄스」
첫 시즌에서, 한 심사위원이 '독설가'라는 별명을
얻었다. "중국 TV는 항상 사람들의 상처를 파헤치고
사람들의 고통을 소비합니다. 이것이 중국 TV의
가장 큰 약점이죠. 저는 그게 싫습니다!" 그녀는 경연
참가자에게 감상적인 이야기를 유도하는 진행자를
꼬집었다. "사람들의 고통을 이용해선 안 돼요." 그녀의
일갈은 돌풍을 일으켰다. 그녀는 1년 만에 자신의
쇼를 진행하게 되어 말하자면 중국의 오프라 윈프리가
되었다.

　　진싱(金星)은 스스로의 힘으로 스타가 되었고,
또한 스스로의 힘으로 여성이 되었다. 아홉 살
소년이었던 진싱은 인민해방군의 무용단으로 들어가
고속 진급을 하며 기관총 사용법을 배우는 동시에
곡예와 오페라, 발레를 공부했다. 열일곱 살에는

중국에서 최고 위치의 남성 무용수가 되어 모용 장학금을 받아 뉴욕에서 공부하고 활동할 기회를 얻게 되었다. 그녀가 자신의 진정한 정체성을 발견한 것은 그때였다. "그건 제가 '트랜스젠더'라는 단어를 발견했을 때였어요." 미국이나 유럽, 아니 그녀의 고국을 제외한 그 어디서건 성전환 수술을 받았다면 훨씬 쉬웠을 것이다 그러나 그녀는 이렇게 말했다. "엄마 가까이에서 받고 싶었어요. 엄마가 내게 첫 번째 삶을 주었고, 게다가 난 중국인으로 태어났으니까요." 그리고 성전환자이자 미혼 여성인 그녀는 세 명의 아이를 입양했다.(중국의 한 자녀 정책은 입양에는 적용되지 않는다.) 진싱이 인터뷰에서 말하는 것을 들어 보면, 그녀는 다음 행보를 위해 때를 기다리는 것처럼 보인다. "오래전부터 사람들이 나는 정치인이 될 거라고 말했는데 나는 그때마다 '알아요. 하지만 아직은 아니에요.'라고 대답했죠. 이 모든 것이, 이 토크쇼 또한 전부 준비 과정이에요."

# 줄리아 차일드

**1912년, 미국**
**축일: 8월 15일**

## 주방의
## 수호성인

  줄리아 맥윌리엄스는 '우리의 국자 여사'로
알려지기 한참 전인 2차 세계대전 중에 CIA의 전신인
전략사무국(OSS)에서 일했다. 그녀는 중국 쿤밍 시에
주둔하며 음식이 아닌 상어 퇴치제를 만드는 임무를
맡게 되었다. 그 지역에서 OSS의 수중 폭발물을
건드려 폭파시키는 상어가 너무 많았기 때문이다.
쿤밍 시에 머무는 동안 그녀는 두 가지 대상과 사랑에
빠졌다. 그중 하나는 남편인 폴 차일드, 다른 하나는
음식이었다. 외교관인 남편의 일 때문에 부부가
파리로 이주하게 되면서, 그녀는 유명한 요리 학교
'르 코르동 블루'에 등록했다. 전문 요리사의 세계는
남성들이 장악하고 있었고, 강사들은 그녀를 반기지
않았다. 줄리아는 파리에서 여성 요리 동호회인 '여성
미식가서클'에 가입함으로써 공동체를 만들고 책을
쓰기 시작했다. 1961년에 출판된『프랑스 요리 기술

Julia Child

정복하기(Mastering the Art of French Cooking)』는 미국에서 대성공을 거두었다. 그것은 모든 요리 과정을 차근차근 알려 줌으로써 가정에서 쉽게 조리법을 따라할 수 있게 해 준 최초의 요리책 중 하나였다. 공영 방송에서 「프랑스 요리사」를 진행하기 시작했을 때, 180미터가 넘는 장신에 높은 목소리로 새처럼 재잘대는 그녀는 어려운 요리도 쉬워 보이게 만드는 재주로 많은 사랑을 받았다. 그녀는 또한 시청자들이 자신의 실수에 '즐거워'한다는 것을 알았다. 자칭 '타고난 허당'인 그녀는 스토브 위에서 뭔가를 그슬리는 요리를 할 때면 커다란 빨간 소화기를 곁에 두었다. 또 장어를 손에 들고 흔들며 청중들에게 "살아 있는 장어를 와인 병에 넣으면 와인의 풍미가 좋아질 수도 있어요. 한번 해 보시고, 효과가 있으면 저한테 말씀해 주세요."라며 너스레를 떨기도 했다. 워싱턴 D.C.에 위치한 스미스소니언 국립 미국사박물관에는 최초의 성조기가 전시된 바로 아래층에 그녀의 큰 키에 맞게 남편이 설계해 준 맞춤식 조리대가 완비된 그녀의 주방이 통째로 전시되어 있다.

**Mae West**

# 메이 웨스트

**1893년, 미국**
**축일: 8월 17일**

## 섹스의
## 수호성인

I935년 그녀는 미국에서 가장 소득이 많은
여성이자 남녀를 통틀어 윌리엄 랜돌프 허스트에 이어
두 번째로 높은 흥행 소득을 올리는 미국인이었다.
오손 웰스의 「시민 케인」의 모델이기도 한 악명 높은
미디어 재벌 허스트는 자신이 소유한 스물세 개 신문을
통해 웨스트를 음란한 여자라고 공격하며 "이제 의회가
메이 웨스트에 대해 뭔가를 할 때도 되지 않았나?"라는
사설을 싣기도 했다. 검열에 대항한 웨스트의 싸움은
새로운 것이 아니었다. 이미 최초의 흥행작이자
삼부작으로 이루어진 연극 「섹스」의 대본을 썼다가
외설 혐의로 체포되어 잠깐이지만 수감된 적도 있었다.
웨스트는 할리우드에서 큰돈을 벌었지만 그녀의
영화는 '성도착에 대한 모든 암시'를 금지한 헤이스
코드*의 도덕적 지침에 따라 점차 엄격해지는 검열에
직면했다.(그래서 「그 댈러스 사내처럼 하는 이는 없네(No

189

One Does It Like That Dallas Man)」라는 애초의 노래 제목이
「그 댈러스 사내처럼 나를 사랑한 이는 없네(No One Loves
Me Like That Dallas Man)」로 바뀌기도 했다.) 웨스트는
검열 제도와 싸우며 자신의 미검열판 영화를 몰래
상영하기도 했다. 그러나 웨스트에 관한 가장 충격적인
사실은 그녀가 남녀를 불문하고 광범위하고 큰
인기를 누렸다는 것이다. 영국왕립공군은 구명조끼에
그녀의 이름을 붙였고, 프린스턴 대학교의 과학자들은
'곡선으로 되어 있어 끄는 힘을 높인 메이 웨스트
자석'을 발명하기도 했다. 웨스트의 관객층은 주로
그녀에게서 독립적인 삶의 모델을 발견한 젊은
여성이었다. 웨스트가 연기한 캐릭터들은 남자를
좋아하지만 남자를 필요로 하지 않는다. 위대한 프랑스
소설가 콜레트는 웨스트를 동경하며 이렇게 썼다.
"지루할 만큼 길고 방대한 여주인공 명단 중에, 영화가
끝나면서 결혼을 하지도, 죽지도, 망명을 떠나지도
않고, 그리고 무엇보다 은테를 두른 거울 앞에서 시들어
가는 젊음을 서글픈 눈으로 응시하는, 상상할 수 있는
최악의 결말을 맞지 않는 것은 오직 그녀뿐이다."

---

\*      1930년 미국 영화제작배급협회 초대 회장인 윌 H. 헤이스에 의
       해 만들어진 규약으로, 영화 내용을 도덕적으로 판단하여 상영
       을 금지하게 했다.

# 마샤 P. 존슨

**1945년, 미국**
**축일: 8월 24일**

## 저항의
## 수호성인

그리니치빌리지에서 6일간 벌어진 스톤월 항쟁*에서 시위대는 동전을 던지고 경찰들 앞에서 나란히 대열을 이루어 「승리는 우리에게(We Shall Overcome)」**를 불렀다. 그들은 창문을 부수고 방어벽을 무너뜨렸으며 경찰의 손에 무자비한 폭력을 당하기도 했다. 여장 남자이자 게이 해방 운동가인 마샤 P. 존슨은 첫날 밤 시위대의 한가운데에 있었다. 그녀는 가로등 기둥에 올라가서 벽돌이 든 자루를 빈 경찰차 위로 던져 앞 유리를 부쉈다. 존슨은 뉴욕 중심가의 유명 인사였다. 그녀는 빨간 플라스틱 하이힐을 꽃집에서 버린 며칠 묵은 꽃과 모조 과일로 장식하여 신고

---

\*    1969년 뉴욕의 한 게이바에서 벌어진 강압적 단속이 발단이 되어 일어난 항의 시위.

\*\*   인권과 인종의 평등, 참된 자유를 구하는 공민권 운동의 뜻을 담은 대표적인 노래.

Marsha P. Johnson

다녔다. 지역 중고품 판매점의 한 직원은 그녀를 '멋지고 상냥한 사람'으로 기억했다.(또한 드레스란 드레스는 몽땅 사들이던 친구'로도 기억했다.) 존슨은 자신의 중간 이름 이니셜인 P가 'Pay It No Mind', 즉 '상관 마'를 뜻한다고 말하곤 했다. 스톤월 항쟁은 그녀가 사회 운동에 헌신하며 트랜스젠더 여성과 에이즈 감염자를 돕는 삶의 시작이 되었다. 훗날 크리스토퍼 거리 해방의 날 퍼레이드의 총 지휘를 맡은, 현대 동성애자 인권 운동의 어머니 '마마' 진 드벤트는 스톤월 항쟁 중에 경찰에게 맞아 쓰러져 얼굴을 걷어차였다. 이때 존슨이 다가와 블라우스로 지혈을 해 주며 말했다. "일어나요, 아가씨. 싸움은 우리 손에 달려 있어요."

Gladys
Elphick

# 글래디스 엘픽

**1904년, 호주**

**축일: 8월 27일**

## 공동체의
## 수호성인

1939년 호주의 포인트 피어스에 있는 원주민 선교단 부락을 떠날 당시 글래디스 엘픽은 젊은 미망인이었다. "어렸을 때는 포인트 피어스가 지내기 나쁘지 않았지만, 그곳에서 우린 끔찍하게 통제된 삶을 살았어요." 그녀는 회상했다. 다른 호주 원주민들과 마찬가지로 엘픽은 토착민을 보호구역으로 몰아넣고 혼혈아를 가족에게서 강제로 떼어 내는 정부의 '동화' 정책의 일환으로 아기였을 때 선교단 부락에 수용되었다. 그러니까 그녀는 요즘 말하는 '도둑맞은 세대*'에 속했다. 엘픽이 선교단 부락 밖에서 만난 호주 원주민들은 절대 빈곤 속에서 살았다. 전쟁에 끌려간 원주민 군인들은 다른 참전용사에게 주어지는

---

\*    백인과 원주민 사이에 태어난 아기들을 부모에게서 떼어 내 교
회에서 키운 '백호주 정책(White Australia Policy)'이 이루어진
1909년~1962년 사이에 태어난 세대.

혜택을 받을 자격이 주어지지 않았다. 또한 원주민은
아이를 양육하는 여성에게 보조금을 지불하는 가족
기금법에서 배제되었다. 원주민 대부분이 하루 열여섯
시간씩 일했지만 그들이 버는 돈은 유럽 정착민들이
버는 돈의 몇 분의 일에 불과했다. "내가 맞닥뜨린
끔찍한 상황 중에 어떤 것은 믿기 힘들 정도였다."
엘픽은 다양한 활동 위원회에 참여하고 공동체 내의
토착민 여성들을 '글래드 아줌마'의 집에서 만나자고
초대하여 조직화하기 시작했다. 여성들은 그녀의
침실로 몰려들었고 침대를 빽빽이 채워 앉았다.
"우리는 우리 스스로 뭔가를 할 수 있다는 것을
사람들에게, 정부에게 보여 주기를 원했다." 이어서
그녀는 남호주 원주민 여성 협의회를 창설했고, 이것은
공동체 내의 의료 및 법률 기관의 설립으로 이어졌다.
그녀는 이러한 노력 덕분에 대영제국 훈장을 받았고
'올해의 남호주 원주민'으로 선정되었다. 그녀는 훗날
애들레이드의 지역 신문《애드버타이저》에 말했다.
"그것은 제가 원하던 거였어요. 우리 민족이 뽑아 준
거고, 그래서 특별한 의미가 있죠."

# 마리아 몬테소리

**1870년, 이탈리아**
**축일: 8월 31일**

**교사의
수호성인**

'어린이집'의 겨울 시간표 제안

(오전 9시-오후 4시)

9시-10시: 등교, 인사, 용의 검사

10시-11시: 지적 훈련(표기법, 지각 훈련)

의과대학에서 그녀는 수업을 마친 뒤 혼자서 시체 해부 실습을 해야 했다. 벌거벗은 시체가 있는 곳에 남자 동료들과 함께 있을 수 없었기 때문이다. 그녀의 관심사는 곧 소아과와 정신과로 옮겨 갔다. 그리고 졸업과 동시에 정신 장애가 있는 어린이를 상대하는 일을 시작했다.

11시-11시 30분: 간단한 체력 단련.

11시 30분-12시: 점심 식사, 짧은 기도.

Maria
Montessori

그녀는 자신이 장애 아동을 위해 개발한 과학적 교수법이 장애가 없는 학생들에게도 적용될 수 있지 않을까 생각했고, 로마의 저임금 가족이 주로 거주하는 노동자 지구에서 일해 보지 않겠냐는 제안을 수락했다. 그들은 그곳을 카사 데이 밤비니(Casa dei Bambini), 즉 '어린이집'이라고 불렀다.

12시-1시: 자유 게임
1시-2시: 지시에 따른 게임(가능하면 야외에서)

어린이집은 '아이들이 주인인' 정원 하나와 방 여러 개로 이루어진 진짜 집이었다. 몬테소리는 테이블과 의자를 쉽게 옮길 수 있도록 크기가 아이들에게 맞는 것이 중요하다고 생각했다.

2시-3시: 손으로 만들기(진흙 모형 등)
3시-4시: 체력 단련 및 노래(가능하면 야외에서)

이 방법은 아이들을 규칙에 얽매이게 하고 주입식 교육에 치중하는 당시에 유행하던 엄격한 교육 방법과 극명한 대조를 이루었다. 몬테소리는 관찰을 통해, 아이들에게 자기 마음대로 하게 놔두면 자연스레 실용적인 활동을 하고 책임을 공유하는 쪽으로 나아간다는 것을 발견했다. 그녀는 자신이 맡은

아이들 사이에서 자율성이 생겨나는 것을 보고 이렇게
말했다. "아이들이 모방하고 기억하고 마침내 어려움을
극복하려 애쓰는 것을 보면 더없이 감동스럽다."
그녀의 교육 방법은 오늘날까지 전 세계에서 널리
활용되고 있다.

# 제인 애덤스

**1860년, 미국**
**축일: 9월 6일**

## 이웃의
## 수호성인

가장 먼저 할 일은 마을 독서 모임을 조직하고(조지 엘리엇의 책으로 시작했다.) 허물어져 가는 저택의 방 한 칸에 유치원을 만드는 것이었다. 그 저택은 헐 하우스였고, 그것을 인보관으로 개조한다는 생각은 당시 스물아홉 살이었던 제인 애덤스의 머리에서 나왔다. 부유한 가정 출신인 애덤스는 톨스토이의 『우리는 어떻게 살아야 하는가』를 읽은 뒤 사회 개혁 의식에 고취되었다. 유럽 여행 중에 런던의 인보관을 방문한 애덤스는 친구이자 동료인 엘렌 게이츠 스타와 함께 초기 자금을 마련하여 그것이 꼭 필요한 시카고의 한 구역에 인보관을 설립했다. "굶주린 자를 먹이고 아픈 자를 치료하는 것이 당연하다면, 젊은이에게 즐거움을, 노인에게 안락함을 주고, 모든 사람의 마음속 깊이 자리한, 서로 어울리려는 열망을 충족시키는 것 역시 당연하다."

Jane Addams

헐 하우스는 문을 연 지 8년 만에 13개의 건물로 이루어진 단지로 확장되어 거의 도시의 한 블록을 차지했고, 극장과 도서관, 우체국, 체육관까지 두게 되었다. 전성기에는 일주일에 2,000명의 방문객을 맞이하기도 했다. 애덤스와 주로 여성으로 이루어진 시설 주민들은 여성 인권과 출산법, 이민자 보호를 위한 운동을 벌였다. 또한 시카고 최초의 공공 운동장을 만드는 데도 성공했다. 애덤스의 행동주의는 헐 하우스의 경계를 훨씬 넘어서까지 확대되었다. 그녀는 미국시민자유연맹(ACLU) 공동 창시자이자 노벨 평화상을 수상한 최초의 미국 여성이 되었다. 그러나 그녀는 74세를 일기로 세상을 떠나는 순간까지 헐 하우스의 사감으로 남았다.

Elizabeth I

# 엘리자베스 1세

**1533년, 영국**
**축일: 9월 7일**

## 여왕의
## 수호성인

마지막 숨을 내쉴 때 짐의 대리석 묘비에 "여기
처녀로 즉위해서 처녀로 죽은 엘리자베스가 잠들다."라고
새겨진다면 짐의 이름이 들어갈 기념비를 위해서도
짐의 영광을 위해서도, 짐에게 충분한 만족이 될 것이오.
**엘리자베스 1세**

헨리 8세와 앤 불린 사이에서 태어난 그녀는
여왕이 될 가능성이 없어 보였다. 앤 불린이 참수된
뒤 어린 엘리자베스는 사생아로 선언되었다. '블러디
메리', 즉 피투성이 메리라고 알려진 그녀의 배다른
언니 메리 I세의 치하에서 엘리자베스는 런던탑에 갇혀
살았다. 그러나 메리가 죽자마자 왕위를 계승한 것은
스물네 살의 엘리자베스였다. 프랑스와 스페인에게
위협받는 파산한 국가를 물려받은 그녀는 결혼을
통해 국제 동맹을 맺어야 한다는 압력을 받았다.

그러나 그녀는 남편이 없이도 영국과 프랑스의 관계를 개선했고 그녀의 해군은 스페인 무적함대를 격파했다. 그녀는 자신의 결혼을 기대하는 의회에 이렇게 말했다. "내게는 국가를 통치하는 공적인 문제가 부과되었으니, 결혼 문제까지 요구하는 것은 사려 깊지 못한 어리석은 처사일 거요. 그렇소. 경들을 만족시키기 위해 말하건대, 짐은 이미 국가와 이미 결혼했소."

# 루비 브리지스

**1954년, 미국**
**축일: 9월 8일**

## 첫걸음의
## 수호성인

I960년은 브라운 대 교육위원회 재판으로 인종 분리 교육이 불법이라고 판정된 지 6년이 지난 해인 동시에, 인종 통합을 둘러싼 위기 상황 속에서 백인들만 다니던 뉴올리언스 프란츠 초등학교에 입학한 최초의 흑인 학생 루비 브리지스가 태어난 지 6년째 된 해이기도 했다. 루비는 등교 첫날 온종일 교장실에서 보냈고, 독살 위협 때문에 집에서 싸 온 음식만 먹었다. 어린 루비는 원래 흑인들을 떨어뜨리기 위해 만든 까다로운 입학 시험을 통과한 여섯 명의 흑인 아이들 중 한 사람이 되는 바람에 이 특권 아닌 특권을 누리게 된 것이었다. 처음에는 이 학교 교사들 중에 흑인 학생을 가르치는 데 동의한 교사는 바버라 헨리뿐이었기 때문에 그녀가 루비의 전담 교사가 되었다.(수십 년이 지나 여전히 뉴올리언스에 사는 루비 브리지스는 관용적인 학교 교육을 촉구하며 루비

Ruby Bridges

브리지스 재단을 설립했고, 두 사람은 오프라 윈프리
쇼에서 재회했다.) 노먼 록웰은「우리 모두가 안고
사는 문제」라는 그림 속에서 루비 브리지스가 프란츠
초등학교에 등교한 첫날을 극화했지만, 현재까지 남아
있는 그 11월 아침의 사진들은 그날의 상황을 자명하게
보여 준다. 우선 백인 여성들이 무리 지어 서 있다.
학교에서 자식들을 끌어내고 있는 엄마들이다. 그리고
그들의 아들로 보이는 백인 소년들이 있다. 여자들은
입을 벌리고 뭔가를 외친다. 한 소년이 든 팻말에는
'우리가 크리스마스에 원하는 건 깨끗한 백인들만의
학교뿐'이라고 적혀 있다. 그리고 끈 달린 구두에
흰 양말을 신고 작은 서류 가방처럼 생긴 책가방을
들고 있는 작은 루비가 보인다. 루비는 머리를 숙이고
조심조심 계단을 내려가고 있다. 루비의 키는 그녀를
호위하는 연방 집행관들의 허리춤 정도에 온다. 몇 년
뒤 한 집행관이 그 순간을 회상하며 말했다. "루비는
마치 작은 병사처럼 행진을 계속할 뿐이었습니다."

Margaret
Sanger

# 마거릿 생어

**1879년, 미국**

**축일: 9월 14일**

## 선택권의
## 수호성인

두 종류의 불이 마거릿 생어를 뉴욕으로
이끌었다. 하나는 허드슨 밸리에서 그녀가 남편,
아이들과 함께 살던 집을 집어삼킨 실제 불이었고,
다른 하나는 로어이스트사이드의 이민자 공동체에서
다시 간호사로 일하도록 이끈 내면의 불꽃이었다.
그녀는 그곳에서 가난과 주체성 결여가 여성들에게
미치는 영향을 똑똑히 보았다. 잦은 출산과 잦은
유산, 그리고 자가 낙태의 비극적인 결과.(생어는 이런
부담에 대해 이미 알고 있었다. 그녀의 어머니는 열여덟
번의 출산을 겪었고 그중 열한 명의 자식만 살아남았다.)
그녀는 1912년 여성들을 대상으로 한 일련의 칼럼에서
이렇게 썼다. "여성들이 경제적 자유를 획득하면 더
이상 남자들의 노리개나 실용품이 되지 않을 것이다."
그리고 나중에 이 생각을 더욱 확장시켜 이렇게도 썼다.
"모든 여성이 삶과 자유를 누리고 행복을 추구하기

위한 첫 단계는 엄마가 될 것인지 아닌지를 결정하는 것이다. 어쩔 수 없이 엄마가 되는 것은 여성의 생존권과 자유권에 대한 완전한 부정이다." 생어는 1916년 브루클린에 미국 최초의 산아 제한 병원을 설립했다. 그녀는 피임제를 유통했다는 이유로 여동생 에설 번과 함께 체포되어 유죄 판결을 받았다. 한 판사는 여성은 "임신이 되지 않을 것이라고 안심하며 관계를 가질 권리"가 없다고 단언했다. 그녀의 항소는 실패했지만, 재판이 널리 알려지면서 그녀의 명분을 지지하는 새로운 기부자들이 많이 나타났다. 1921년 생어는 미국산아제한연맹(ABCL)을 설립했고, 이것이 오늘날 가족계획연맹(PPFA)으로 이어지고 있다.

# 다베이 준코

**1939년, 일본**
**축일: 9월 22일**

## 최고봉의
## 수호성인

> 나를 '산에 미친 여자'라고 부르고 싶다면,
> 그렇게 불러도 상관없다.  **다베이 준코**

산에 미친 이 여자는 에베레스트를 등정한
최초의 여성이다. 그녀는 또한 7대륙 최고봉에 오른
최초의 여성이기도 하다. 1960년대까지만 해도, 특히
오늘날까지 여성이 남편의 성을 따라야 하는 일본
같은 나라에서 등반은 여성들의 세계가 아니었다.
다베이 준코의 경우(본명 이시바시), 미래의 등반가가
될 가능성이 더더욱 희박해 보였다. 인쇄업자의 일곱
자녀 중 다섯째 딸로 태어난 그녀는 어려서부터
키가 145센티미터를 넘겨 본 적이 없는 작고 연약한
아이였다. 그러나 다베이는 길이 없는 곳에 길을 냈다.
"어떤 남자들은 나랑 등산하는 것을 거부했어요."
그녀는 회상했다. "또 어떤 사람들은 내가 남자를

Tabei Junko

만나러 산에 간다고 생각했지만, 내 관심사는 오직
등산뿐이었어요." 결국 다베이는 그녀의 노력을
이해하고 지원해 주는 동료 산악인과 결혼했다. 그는
아내가 더 높은 봉우리를 향한 꿈을 계속 키워 갈 수
있도록 안정적인 직장(혼다)에서 일하며 아이들을
돌봐 주었다. 서른 살에 그녀는 여성등산클럽(LCC)를
설립하고, 본인을 포함해 열다섯 명의 여성으로
이루어진 원정대의 에베레스트 등정을 이끌었다.
여성으로만 이루어진 등반에 대한 후원 부족을
극복하고 어렵사리 등정 길에 올랐으나, 정상을 밟기
12일 전에 캠프를 덮친 산사태로 등정을 중단할 위기에
봉착했다. 그러나 결국 다베이와 LCC는 정상에 올랐고
유명해졌다. 그들의 슬로건은 "우리끼리 해외 원정을
계속하자!"였다.

Dorothy
Arzner

# 도로시 아즈너

**1897년, 미국**
**축일: 10월 1일**

## 영화의
## 수호성인

　　1975년 미국영화감독조합은 도로시 아즈너를
기리기 위한 헌정식을 개최했다.(그녀는 영화감독조합
최초의 여성 회원이기도 했다.) 16편의 영화를 감독하고
루실 볼과 로절린드 러셀을 포함한 많은 무명 여배우를
발굴한 황금기 영화감독에 대한 때늦은 헌정식이었다.
아즈너는 캐서린 헵번을 스튜디오에서 본 뒤 헵번의 두
번째 영화에서 그녀가 강렬한 배역을 맡는 데 주도적인
역할을 했다. "헵번은 타잔 스타일 영화에 출연하게
되어 있었어요. 세트장에 갔더니 그녀가 표범 가죽을
입고 나무에 올라가 있었죠." 헵번은 그녀의 감독에
대해 이렇게 썼다. "그녀는 바지를 입고 다녔다. 나도
그랬다." 커밍아웃한 동성애자인 아즈너는 바지뿐
아니라 재단된 양복을 입고 커프스단추도 하고 다녔다.
그녀는 할리우드에 오기 전에 의학을 공부했고 1차
세계대전 중에 해외 구급대에 합류한 경험도 있었다.

"저는 아픈 사람을 치료하고 죽은 사람을 즉시 일으키기를 원했어요." 그녀는 직업을 바꾸게 된 것에 대해 이렇게 말했다. "그래서 영화 산업에 뛰어들게 된 거죠." 어쩌면 그녀의 배경이 그녀의 기술적 기발함을 설명해 줄 것이다. 무성 영화 스타인 클라라 보가 출연한 최초의 유성 영화를 찍으면서 그녀는 낚싯대에 마이크를 달아 최초의 붐 마이크를 만들었다. 그녀의 가장 유명한 영화 「댄스, 걸, 댄스」는 흥행에는 참패했지만 강한 여성 캐릭터와 남성적 시선에 대한 체제 전복적인 도전으로 훗날 1세대 페미니즘 영화 비평가들에게 찬사를 받았다. 미국영화감독조합의 헌정식은 그녀가 사망하기 4년 전에야 열렸다. 헌정식에서 캐서린 헵번이 보낸 축전이 낭독되었다. "경력을 가질 수 없던 시대에 그런 대단한 경력을 쌓았다는 것이 정말 멋지지 않나요?"

# 안나 폴리트콥스카야

**1958년. 미국/러시아**
**축일: 10월 7일**

## 용감한 이의
## 수호성인

사망하기 2개월 전 기자인 안나 폴리트콥스카야는 두건을 쓰고 여성들 무리에 섞여 있었다. 다른 여성들은 그녀를 숨기기 위해 최선을 다했다. 그녀가 눈에 띄지 않는 것이 중요했다. 이 마을 출신 체첸 전사가 러시아 정부의 명령으로 살해된 상황이었다. 그의 머리는 가스관에 매달려 있었고 피 묻은 운동복 바지가 그 밑에 펼쳐져 있었다. 때는 여름이었고 머리는 한동안 그곳에 걸려 있었다. 관계자들이 휴대전화로 사진을 찍었다. 그런 뒤 작은 자비를 베풀어 머리를 끌어내렸으나, 곧이어 그것을 몸에 꿰매어 다시 전시했다. 체첸족 성인과 아이들, 그리고 그 광경을 보게 된 모든 이에 대한 경고였다. 폴리트콥스카야는 그곳에 가면 안 된다는 얘기를 들었다. 그녀의 보도가 적들을 만들어서 생명에 위협을 받게 될 것이라고 했다. 그러나 그녀는 이곳에 왔고

219

Anna
Politkovskaya

자신이 본 것을 쓸 것이었다.

안나 폴리트콥스카야는 뉴욕에서 외교관의
딸로 태어났다. 그러나 이와 전혀 다른 삶을 선택했다.
그녀는 이미 체포와 독살 위기를 겪었고 구덩이에
던져지기도 했다. 그녀는 러시아 군인들의 손에 모의
처형을 겪었다. 그러나 그녀는 "우리 주변의 삶을
그것을 직접 보지 못하는 사람들에게 묘사하는 것"이
기자로서 자신의 의무라고 느꼈다. 그리고 그 의무의
대가는 그녀의 목숨이었다. 2006년 10월 그녀는
모스크바에 있는 자신의 아파트 건물 엘리베이터에서
머리와 가슴에 총을 맞은 채 발견되었다. 누가 사살을
지시했는지는 여전히 불분명하지만, 에드워드
스노든이 공개한 일급 기밀 문서를 통해 러시아
연방 첩보국이 그녀의 이메일 계정을 노렸다는
것이 확인되었다. 그녀가 살해되기 2개월 전,
폴리트콥스카야는 이렇게 썼다. "체첸 공화국 사람들은
나를 걱정한다. 그것은 무척 감동적인 일이다. 그들은
나 자신보다도 나를 더 걱정해 준다. 내가 지금까지
살아남은 것은 그 때문이다."

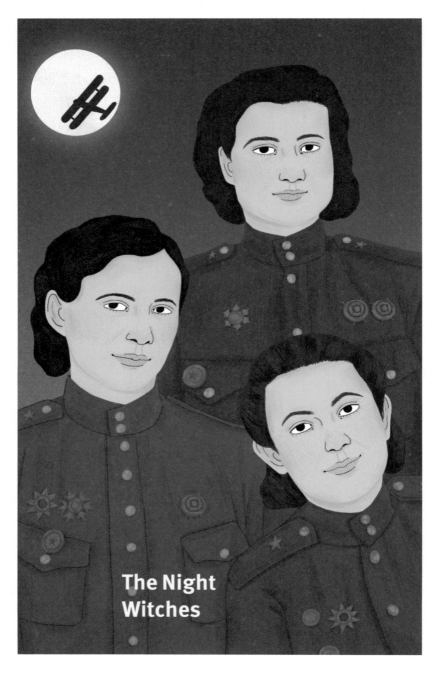

**The Night Witches**

# 밤의 마녀들

## 하늘의
## 수호성인

      그들의 제복은 남자 조종사들에게서 물려받은 것이었다. 그들의 비행기는 합판과 범포로 만든 농약 살포용 비행기를 개조한 것으로, 개방형 조종석에 무전기도 레이더도 없었고 추가된 낙하산 무게를 버텨 낼 수도 없는 비행기였다. 이 젊은 러시아 여성들은 야음을 틈타 2인 1조로 비행했다. 그들은 소련 공군의 제588 여성 야간 폭격기 연대였는데, 독일군은 그들을 '밤의 마녀들'이라고 불렀다. 그들의 낡은 비행기 소리가 빗자루가 부딪치는 소리처럼 들렸기 때문이다. 소련은 최초로 전투에 여성 조종사를 투입했고, 2차 세계대전 중에 밤의 마녀들은 4년에 걸쳐 2만 3,000톤의 폭탄을 나치 침략자들에게 투하했다. 가장 유명한 연대원 중 한 명인 나데즈다 포포바는 이렇게 말했다. "독일군이 이야기를 꾸며 냈어요. 우리가 야간에 앞을 또렷이 볼 수 있게 해 주는 알려지지 않은 화학물질 주사를 맞았다는 소문을 퍼뜨렸죠." 2010년에 여든아홉 살의 포포바는 이렇게 회상했다. "가끔은 어둠을 응시하다가 눈을 감곤 해요. 아직도 젊었을 때 작은 폭격기에 타고 있는 내 모습을 상상할 수 있죠. 그리고 스스로에게 묻는답니다. '나디아, 어떻게 그 일을 했니?'"

# 헬렌 헤이스

**1900년, 미국**
**축일: 10월 10일**

## 무대의
## 수호성인

헬렌 헤이스 극장은 브로드웨이에서 가장 작은
극장이다. 극장 이름을 따온 스타에게 아주 어울리는
곳이다. 아일랜드 가톨릭교도 노동자 계급 가정에서
태어나 가족들에게 '하얀 생쥐'라는 별명으로
불렸던 여배우 말이다. 헬렌 헤이스는 다섯 살에
처음 무대에 올랐다. "나는 항상 '지하철 연기 학교'
소속이었다. 시끄러운 소음을 내며 움직이는 교실에서
다른 승객들을 관찰하는 것이다." 그녀는 자서전에
이렇게 썼다. 그녀는 자신의 목소리와 자세를 연구해
'세계에서 가장 큰 150센티미터의 여성'이 되었고,
무대 위에서 빅토리아 여왕과 스코틀랜드의 메리
여왕 같은 거대한 여걸들의 역할을 맡아 연기했다.
《뉴욕 타임스》연극 평론가는 「스코틀랜드의 메리」에
관한 평론에서 이렇게 썼다. "헬렌 헤이스는 체구는
작지만(메리 여왕은 키가 180센티미터였다.) 초월적

Helen
Hayes

기백으로 여왕의 지위로 올라섰다." 헤이스는 언제나 스타덤의 화려함을 대단치 않게 생각한 위대한 스타였으며, 자신의 성공 비결은 친근함에 있다고 설명한다. "나는 항상 가족 중에 누군가를 떠올리게 하는 것 같다. 어쩌면 나는 그저 평범한 여자의 승리일 뿐이다." 이 자칭 평범한 여자, 가족에게 '생쥐'였던 여자는 에미상과 그래미상, 오스카상, 토니상을 석권한 최초의 여성이기도 했다.(오늘날까지 경쟁 부문에서 네 개의 상을 모두 수상한 인물은 존 길구드와 오드리 헵번, 우피 골드버그, 리타 모레노를 포함해 열두 명에 불과하다.) 그러나 그녀는 무엇보다 무대 배우였고, '미국 극장의 퍼스트레이디'였다. 그녀가 92세를 일기로 세상을 떠났을 때 브로드웨이의 모든 극장이 간판 조명을 어둡게 줄였다.

Eleanor
Roosevelt

# 엘리너 루스벨트

**1884년, 미국**
**축일: 10월 11일**

## 상식의
## 수호성인

"엘리너, 네가 커서 어떻게 될지 모르겠구나."
애나 리베카 홀이 어린 시절의 생김새 때문에
그래니(할머니)라는 별명으로 불린 어린 딸을 보며
말했다. "넌 평범하게 생겨서 '착한 것' 말고는 내세울
게 없으니 말이야." 엘리너 루스벨트는 실제로 착했다.
그러나 그 착함의 방식은 그녀의 어머니가 의도한
것과는 달랐을 것이다. 그녀는 역사상 가장 오래
재임한 미국의 영부인일 뿐 아니라 이듬해에 유엔
인권위원회의 초대 회장이 된다. 또한 1948년 갤럽
여론조사에서 가장 존경받는 여성에 뽑혔다. 1945년과
1950년에도 마찬가지였다. 1952년과 1953년에도,
1961년까지 쭉 그랬다.(그녀가 다음 해에 세상을 떠나지
않았다면 그러한 추세가 계속되었을 것이다.) 라디오 연설
「노변담화(Fireside Chats)」로 유명한 남편 프랭클린과
마찬가지로, 엘리너는 대중과 친밀감을 쌓는 특별한

수단을 가지고 있었다. 그녀는 놀랍게도 27년 동안 일주일에 6일씩 신문 칼럼 「나의 나날(My Day)」을 연재했다. 그녀는 1935년 신년 전야에 시작된 첫 칼럼부터 친숙하게 글을 썼다. "바깥은 춥고 눈이 쌓여 있는데 실내에는 난롯불이 타고 있고 자신만의 방에 음식 쟁반이 놓여 있는 호사를 누리는 사람이 나 말고 또 있을까?"(이 부분에서 버지니아 울프의 분위기가 엿보인다.) 엘리너의 칼럼은 또한 인종과 전쟁, 여성 인권, 교육에 관한 정치적 견해를 밝히는 장이기도 했다. 1960년 11월 그녀는 국가의 미래에 관해 이렇게 썼다. "당신이 공화당원이건 민주당원이건, 내가 볼 때 우리가 세상과 사람들을 구하는 문제에 어떻게 접근할 것인지의 문제는 당파적인 질문이 아닌 것 같다."

# 힐러리 클린턴

**1947년, 미국**

**축일: 10월 26일**

## 가능성의
## 수호성인

1969년, 스물한 살의 힐러리 로댐은 웰즐리 대학교에서 졸업생 대표로 졸업 연설을 했다. "저는 제가 익숙한 위치에 있음을 발견합니다. 반응하는 위치. 우리 세대가 그동안 해 온 것 말입니다. 우리는 아직 리더십과 권력의 위치에 있지 않지만, 건설적인 비판과 저항이라는 없어서는 안 될 요소를 갖고 있습니다." 48년 뒤 그녀는 다시 웰즐리로 돌아왔다. 이번에는 클린턴으로, 전 영부인으로, 상원의원으로, 국무장관으로 2017년 졸업생들에게 연설하기 위해서였다. 그녀는 자신이 졸업한 해를 언급하며 말했다. "여기서 여러분이 아셨으면 하는 것은 우리가 격동의 시간을 겪었다는 것, 그리고 우리 사회가 법을 개정해서 더 많은 미국인에게 점점 더 기회와 권리의 문을 열어 주게 되면서 우리가 다시 한 번 도약하기 시작했다는 것입니다. 우리는 상상력이라는 엔진의

Hillary
Clinton

회전수를 높였습니다." 스물한 살 때 그녀는 다음과
같은 일화로 연설을 끝맺었다. "어제는 참 아름다운
날이었죠. 그런데 어제 있었던 가장 비극적인 일들 중
하나는 절대로 저처럼 되고 싶지 않다고 말하는 여성을
만난 것입니다. 그녀는 오늘을 살고 싶지도, 자신이
보는 것이 무엇인지 직면하고 싶지도 않을 것입니다.
두려움 때문이지요. 두려움은 항상 우리와 함께하지만,
지금은 두려워할 시간이 없습니다." 예순아홉 살
그녀의 메시지도 역시 같았다. "교육은 단지 지식만을
주는 것이 아닙니다. 교육은 계속해서 배우고 여러분과
다른 사람들의 삶을 개선하기 위해 알고 있는 것을
적용할 수 있는 힘을 줍니다. 여러분에게 중요한 명분에
개입하세요. 그리고 하나를 선택해서 어딘가에서
시작하세요. 모든 것을 다할 필요는 없습니다. 그러나
뒷짐 지고 물러나 있지는 마십시오. 그리고 선출된
공무원들에 대해 알아보세요. 그들의 정책에 동의하지
않는다면 그들에게 질문하세요. 이의를 제기하세요.
물론 언젠가 여러분이 직접 출마한다면 더욱
좋겠지요."

Lise
Meitner

# 리제 마이트너

**1878년, 오스트리아**

**축일: 10월 27일**

## 발견의
## 수호성인

1946년 리제 마이트너를 기념하는 전미여성언론클럽 만찬에서, 해리 트루먼 대통령은 오스트리아-스웨덴 물리학자인 그녀에게 짓궂은 농담을 던졌다. "당신이 우리를 이 모든 상황에 빠뜨린 자그마한 여인이군요." 그해에 미국을 여행하는 내내, 그녀는 '폭탄을 주머니에 넣고 독일을 떠난 사람'으로 유명인사 취급을 받았다. 사실 마이트너가 핵분열의 발견에 공헌한 덕분에, 앨버트 아인슈타인은 프랭클린 D. 루스벨트 대통령에게 원자력 무기 개발 가능성을 경고하는 유명한 편지를 쓰기도 했다. 1935년 베를린의 카이저-빌헬름 화학 연구소에서 그녀는 화학자 오토 한과 함께 '초우라늄 연구' 프로그램을 시작했다가 3년 뒤인 1938년에 의도치 않게 핵분열을 발견하게 되었다. 당시 유대계였던 마이트너는 오토 한이 선물로 준 다이아몬드 반지를 챙겨 이미 네덜란드로 도피해 있었다.(오토 한은 도피 도중 국경수비대에게 가로막힐 경우 뇌물로 쓰라고 반지를 준 것이었다.)

독일에 남은 오토 한은 1944년 노벨 화학상을 받았다. 많은 사람들이 그 상은 마이트너와 공동 수상해야 마땅하다고 생각했다. 그러나 마이트너의 관심은 본인이 인정받는 것보다 훨씬 더 심각한 것을 향해 있었다. 미국으로부터 뉴멕시코에 와서 맨해튼 프로젝트*에 참여해 달라는 초대를 받았을 때, 그녀는 "나는 폭탄과 관련한 어떤 일도 하지 않겠다."고 선언했다. 또한 그녀는 나치 독일에 '소극적인 저항'밖에 하지 못한 오토 한과 그의 조수들을 결코 용서하지 않았다. 그녀는 그에게 보내는 편지에 이렇게 썼다. "수백만 명의 무고한 사람이 한 마디 저항의 말도 내뱉지 못한 채 살해될 수 있게 되었어요. 첫째, 당신들은 동료들을 배신했고, 다음으로 당신들의 자녀가 범죄적인 전쟁에 목숨을 걸게 함으로써 자녀들을 배신했어요. 마지막으로 당신들은 독일도 배신했죠."

---

\*    2차 세계대전 중 원자폭탄을 개발하기 위해 미국 정부가 과학자들을 고용한 거대 프로젝트.

# 푸시 라이엇

**2011년 무렵, 러시아**

**축일: 11월 7일**

## 펑크의
## 수호성인

    2012년 2월 21일, 불과 40초의 짧은 순간이
러시아의 페미니스트 펑크록 저항 그룹 푸시 라이엇
멤버들의 인생을 바꿔 놓았고, 이 그룹은 순식간에
세계적인 명성을 누리게 되었다. 그들은 현란한 색상의
드레스와 두건을 쓴 채 모스크바에 있는 동방정교회
성당의 제단 앞에서 「펑크 기도」라는 저항가를 부르기
시작했다. 그들의 노래는 경비원에 의해 중단되었고
멤버 두 명이 체포되었지만, 그때의 동영상이 인터넷에
떴다.(대충의 가사는 이랬다. "성모 마리아여, 주님의
어머니여, 푸틴을 쫓아내 주소서, 푸틴을 쫓아내 주소서!")
이 젊은 여성들의 체포는 그들이 저항하고자 한
블라디미르 푸틴 대통령이 세운 독재 정권의 도덕적
파탄과 비판자들의 입을 막으려는 강력한 의지를
여실히 드러낸 사건이 되었다. 그로부터 1년 뒤 선댄스
국제 영화제에서 이 그룹에 관한 다큐멘터리 영화가

Pussy
Riot

상영된 뒤, 푸시 라이엇의 가장 잘 알려진 멤버 카트야 사무체비치가 화상 통화를 통해 등장했다. 그녀는 극장 전체에서 큰 박수갈채를 받았다. 그들이 공식 앨범을 출시할 계획이 있는지 묻는 질문에 사무체비치는 없다고 대답했다. "우리는 모든 종류의 상업주의를 거부하며 어떤 상업적인 것도 출시할 계획이 없어요. 우리의 예술을 결코 상품화하지 않을 겁니다." 푸시 라이엇은 새로운 자기표현을 계속했고, 최근에는 도널드 트럼프를 겨냥했다. 2016년 미국 대통령 선거 준비 기간 동안, 이 그룹은 「미국을 다시 위대하게 만들라(Make America Great Again)」를 발표했다.

당신은 당신의 세계가 어떻게 보이길 원하는가?
그것이 어떻게 되기를 원하는가?
벽에 양면이 있다는 것을 아는가?
그리고 아무도 자유롭지 않다는 것도?

Lucretia
Mott

# 루크리셔 모트

**1793년, 미국**
**축일: 11월 11일**

## 참정권의
## 수호성인

런던의 국립 초상화 미술관에는 높이가 거의
3미터, 폭이 4미터에 달하는 벤저민 로버트 헤이든의
그림이 걸려 있다. 「1840년 세계 반노예제 대회」는
회의를 주재하는 저명한 노예제 폐지론자 토머스
클락슨과 그를 둘러싼 검은 정장 차림의 수많은
하얀 얼굴들을 묘사한다. 그림의 가장 오른쪽에는
눈길을 사로잡는 참가자 몇 명이 있다. 그들의 흰색
모자가 빛을 발하는 것처럼 보인다. 여성들이다. 몇몇
여성 대표단이 따로 떨어져 앉아 있었다. 그림에는
나타나 있지 않지만, 사실 그들은 커튼 뒤에 있었다.
이 여성들 가운데 루크리셔 모트도 있었다. 그 주에
여성 인권을 촉구하는 연설로 언론에서 '대회의
암사자'라는 칭호를 얻은 인물이었다. 그들은 공동의
적을 가졌지만 남성 노예제 폐지론자들 대부분이
자신들의 대의명분에 여성이 참여하는 것을 반기지

않은 탓에 여성들은 독자적으로 움직여야 했다.

그곳에서 모트는 (신혼여행으로 다른 곳을 다 제쳐두고 대회에 온) 젊은 여성 엘리자베스 케이디 스탠턴을 만나서 의기투합했고, 두 사람은 함께 뉴욕 세니커 폴스에서 열린 최초의 여성 인권 대회를 조직했다. (이 대회의 150주년을 기념하는 연설에서 힐러리 클린턴은 오늘날 여성들의 존재와 여성들이 하는 일의 상당수는 세니커 폴스에 모인 선구자들의 용기와 선견지명, 헌신에서 비롯되었다고 말했다.) 그러나 스탠턴과 달리 모트는 대회에 남성의 참여를 환영했고 프레더릭 더글러스 같은 참가자들을 자기편으로 만들었다. 그녀는 "우리 대의명분의 빠른 성공은 남성과 여성 모두의 열성적이고 지칠 줄 모르는 노력에 달려 있다."라고 확신했다. 더글러스의 인쇄소에서 제작된 그 대회에 대한 보고서를 보면 모트가 "평소처럼 유창하고 박력 있게 대규모의 지성적인 청중들에게 연설했다."라면서 그녀가 대회의 '중심인물'이었다고 쓰여 있다.

# 후아나 이녜스
# 델라 크루즈

**1651년, 멕시코**
**축일: 11월 12일**

## 지식인의
## 수호성인

하느님은 내게 진리에 대한 깊은 사랑을 선물로
주셨다. **후아나 이녜스 델라 크루즈**

역사 속의 많은 여성 시인들과 마찬가지로,
후아나 이녜스 델라 크루즈는 아름다운 외모의
소유자였고 수차례 청혼을 받았지만 평생 결혼하지
않았다. 대신 그녀는 여성들에게 대학 입학이 금지된
멕시코시티에서 산 제로니모 이 산타 파울라(San
Jerónimo y Santa Paula) 수녀원을 교육을 위한 안식처로
삼고 수녀로 살았다. 그녀는 "공부의 자유를 빼앗을
수 있는 고정 직업에 매달리지 않고" 살기를 바랐다고
말했다. 그녀는 수녀원에서 가장 유명한 수녀가 되어
지식인들을 초대하며 일종의 사교 모임을 열었다. 또한
자신의 방을 책과 미술품, 악기와 과학 도구로 채웠다.
뿐만 아니라 시와 수필을 써서 출판하고 희곡을 써서

Juana Inés
De La Cruz

연극으로 공연하기도 했다. 그러나 얼마 지나지 않아 그녀는 교회와 마찰을 빚게 된다. 그녀의 시가 음탕한 상상으로 가득하고 그녀의 편지에는 잘 알려진 설교를 비판하는 내용이 담겨 있다는 것이었다. 또한 그녀가 세속적인 주제에 지나친 관심을 보인다는 주장도 있었다. 이런 주장들에 대해 후아나 수녀는 이렇게 답했다. "사람은 저녁 식사를 준비하면서도 얼마든지 완벽한 철학적 사유를 할 수 있습니다." 그리고 한 편지에는 "모든 여자 중에 최악인, 내가."라고 서명했다. 이에 반응하여 가톨릭 지도부는 강력한 탄압을 시작했다. 그녀는 (약 4,000권으로 이루어진) 서가를 포함해 모든 학습 수단을 잃었다. 또한 더 이상의 출판이 허락되지 않았다. 그녀에게 교회는 안식처인 동시에 새장이기도 했다. 그녀가 죽음을 앞두고 쓴 '필로테아 수녀님께 보내는 답장'이라는 제목의 편지가 그녀의 사후에 출판되었다. 그것은 신대륙의 페미니스트 선언문으로 여겨진다. "아아, 우리 같은 나이 든 여성들이 많이 배웠더라면, 이 땅에서 얼마나 많은 상처를 피할 수 있었을까요!"

**Audre
Lorde**

# 오드리 로드

**1934년, 미국**
**축일: 11월 17일**

## 언어의
## 수호성인

그녀는 원래 오드리 제럴딘 로드(Audery Geraldine Lorde)라는 이름으로 태어났지만 어려서부터 이름 끝에 'y'가 마치 꼬리처럼 붙어 있는 것이 왠지 거슬렸다. 그래서 이름을 오드리(Audre)로 바꿔 버렸다. 뉴욕에서 카리브 해 출신 이민자의 딸로 태어난 그녀는 법적으로 시각 장애인으로 인정될 만큼 선천적으로 근시가 심했다. 그녀는 청소년 시절부터 시를 외웠다. "사람들은 말하곤 했어요. '자, 어떻게 생각하니, 오드리? 어제 너한테 무슨 일이 있었던 거니?' 그러면 나는 내가 전달하려는 말이나 느낌이 쓰인 시를 암송했어요." 자신이 말하려는 것을 표현하는 시를 찾지 못했을 때, 직접 시를 쓰기 시작했다. 8학년* 때였다. 그녀는 이렇게 말했다. "단어들은 에너지와

---

\*      우리나라의 중학교 2학년에 해당한다.

힘을 가지고 있었고 나는 그 힘을 일찍부터 중시하게
되었어요. 말하자면 명사와 고유명사, 동사는 서로
다른 나라의 시민들이고, 함께 모여 새로운 세계를
만드는 거였죠." 그러다가 자신이 말하려는 것을
표현할 단어를 찾지 못했을 때 직접 단어를 만들었다.
베를린에서 교직에 있을 때, 그녀는 '아프로-저먼(Afro-
German)'이라는 용어를 대중화시키며 많은 독일
흑인 여성들의 사회적, 정치적 발전의 지지자가
되었다. 또한 자신의 저서 『자미(Zami)』의 성격을
규정하기 위해 "자서전과 신화사의 요소"를 모두
갖는 '바이오미소그라피(biomythography)'라는 용어를
만들고 그에 대해 이렇게 설명했다. "여러 출처에서
나온 내용을 토대로 구성된 허구를 뜻합니다. 우리의
시야를 확장시키는 방법 중 하나죠." 스스로를 '흑인
페미니스트 레즈비언 어머니 시인'이라 칭하는 로드는
인생 말년에 암으로 투병하며 죽음을 앞두고 이름
하나를 추가했다. 그녀는 아프리카식 명명식에서
감브다 아디사가 되었다. 그 이름은 '전사: 자신이
뜻하는 것을 알리는 자'라는 의미다.

# 윌마 맨킬러

**1945년, 미국/체로키 족**
**축일: 11월 18일**

**지도력의
수호성인**

> 어떤 사람들은 토착 문화에서 이름을 얻는다. 내
> 경우는 그렇지 않지만, 사람들에게 항상 곧이곧대로
> 말하지는 않는다. 가끔은 그냥 맨킬러는 내 이름이고, 내가
> 그 이름을 얻었다고 말해서 사람들을 궁금하게 만든다.
>
> **윌마 맨킬러**

1969년 11월의 어느 이른 아침 여든아홉 명의
아메리카 인디언이 '모든 인디언 부족의 이름으로'
앨커트래즈 섬에 대한 소유권을 주장하고 나섰다.
점령은 19개월간 지속되었고 참가자 수는 한때
400명까지 늘어나서 연방 정책에 대한 국민적 관심을
불러왔다. 그 사건은 또한 오클랜드에 거주하는
24세 주부의 관심도 끌었다. "앨커트래즈 점령은
나로 하여금 나와 똑같은 것을 느끼지만 그것을
훨씬 더 분명하게 표현할 줄 아는 사람들을 볼 수

Wilma
Mankiller

있게 해 주었어요." 훗날 윌마 맨킬러 족장이 말했다. 아이러니하게도 만일 그녀의 가족이 1950년대 미국 정부가 추진한 인디언 이주지원법 프로그램의 일환으로 오클라호마 농장에서 샌프란시스코로 이주하지 않았다면(그녀는 그것을 '눈물의 길'이라고 불렀다.) 맨킬러는 "여자로서, 체로키 부족으로서 스스로에 대한 인식을 바꿔 놓은" 그 점령을 직접 목도하고 증언할 수 없었을 것이다.

맨킬러는 남편과 이혼한 뒤 아이들과 오클라호마로 돌아왔다. 그 후 체로키 부족 최초의 여성 족장이 되어 부족 등록을 세 배로 증가시켰고 영아 사망률을 감소시켰으며 교육을 개선했다. 다른 많은 협의회 (남성)구성원들에 비해 조용조용 말하는 맨킬러는 발언 방해를 막기 위해 마이크를 끄는 스위치를 설치했다. 한번은 그녀가 이렇게 말했다. "친구들은 나를 옥상 가장자리에서 위태롭게 춤추기를 좋아하는 사람이라고 말하죠. 나는 젊은 여성들이 위험을 감수하고 자신의 신념을 위해 떨쳐 일어나기를 바라요."(참고로 그녀가 가장 좋아하는 댄스 뮤직은 어리사 프랭클린의 「리스펙트」였다.)

Billie Jean
King

# 빌리 진 킹

**1943년, 미국**

**축일: 11월 22일**

## 챔피언의
## 수호성인

어지간한 남자 선수라면 최고의 여자 선수를 이길 수 있다. **바비 릭스**

내가 여자인지 운동선수인지를 묻는 질문을 종종 받곤 한다. 부조리한 질문이다. 남자들에게는 그런 질문을 안 하지 않는가. 나는 여자고, 또 운동선수다. **빌리 진 킹**

1973년 9월 20일. 전 세계에서 9,000만 명이 테니스 경기 생중계를 시청했다. 미국 테니스 역사상 최고 시청률이었다. 4개월 전, 55세의 은퇴한 전 윔블던 챔피언 릭스는 당시 세계 랭킹 1위였던 마거릿 코트를 소위 '어머니날 참패'에서 가볍게 승리한 것을 자축했다. 그리고 이제 이전 5년 동안 세계 랭킹 1위였던 빌리 진 킹이 그의 도전을 받아들인 것이었다. 이 경기는 두 테니스 스타의 성 대결로

소문이 나기 시작했고, 휴스턴 애스트로돔 경기장은 공연장을 방불케 할 정도로 열기가 뜨거웠다. 빌리 진 킹은 상의를 탈의한 남성들이 운반하는 가마를 타고 클레오파트라처럼 등장했고, 그녀의 맞수 역시 가벼운 옷차림의 여자들이 끄는 인력거를 타고 등장했다. 원래 소프트볼 유격수로 운동을 시작했지만 보다 '여자다운' 스포츠를 하라는 부모님의 권유에 따라 테니스로 종목을 바꾸게 된 빌리 진 킹은 자신은 베이스라인 근처에 머물면서 릭스를 정신없이 뛰어다니게 만드는 전략으로 3세트를 연달아 이겼다. 어떤 이들은 그녀의 승리에 화가 나서 그녀가 반칙을 한 거라고 말했다. 릭스가 킹보다 스물다섯 살 나이가 많은데 아버지뻘인 사람에게 그럴 수 있냐는 것이었다. 킹은 훗날 이렇게 말했다. "내가 그를 이긴 것은 운동적 측면에서는 아무런 의미가 없었습니다. 아무것도 아니었죠. 하지만 중요한 건 그 승리가 상징하는 바예요." 이제 막 여자 테니스 협회를 결성하여 여자 선수들에 대한 동등한 대우를 요구하는 운동을 펼치고 있던 빌리 진 킹에게 이 경기의 승리는 대단한 상징적 의미가 있었다. 또한 1년 전에 성별에 따른 차별을 금지하는 타이틀 나인(Title IX) 법이 통과된 상황이었다. "그것은 테니스 경기의 문제가 아니었어요. 사회 변화의 문제였죠."

# 케라 워커

**1969년, 미국**
**축일: 11월 26일**

## 역사 직시의
## 수호성인

      뉴저지의 뉴어크 공립 도서관 2층 자료실에는
그림 한 점이 걸려 있었다. 남북전쟁 후 재건 시대의
공포를 묘사하는 작품이었다. 불타는 십자가 옆에 서
있는 쿠 클럭스 클랜(KKK)단원들*, 연단에서 연설을
하는 버락 오바마, 억지로 백인 남자에게 구강 성교를
하는 한 흑인 여자. 전시된 지 하루 만에 도서관장은 그
그림을 얼룩무늬 천으로 덮어 버렸다. 사람들이 불편해
한다며 직원들이 항의했기 때문이다.

      그것이 핵심이었다. 「도덕적 역사의 활은
이상적으로 정의를 향해 휘지만, 툭하면 다시
야만주의와 가학성과 억제되지 않는 혼란을 향해
돌아가곤 한다(The Moral Arc of History Ideally Bends
Towards Justice but Just as Soon as Not Curves Back Around

---

\*      백인 우월주의를 내세운 미국의 극우 비밀 결사 단체.

Kara
Walker

Toward Barbarism, Sadism, and Unrestrained Chaos)」*라는
긴 제목의 약 290 × 183센티미터 크기의 작품이 한
번 더 베일을 벗었을 때, 한 지역 신문은 그에 대해
보도하며 편집자 주에 "이 칼럼의 아래에 보이는
그림은 일부 독자에게 혐오감을 줄 수 있다"라는 경고
문구를 실었다. 그로부터 몇 주 후, 백여 명의 사람들이
한 시간가량 그 도서관에 모였다. 케라 워커의 연설을
듣기 위해서였다. 워커는 인종 통합 정책을 따르는
캘리포니아 주 교외에서 태어났지만 그곳에서 미국이
그녀가 생각한 것만큼 통합적이지 않다는 것을
깨달았다. 학교에서 그녀는 "'검둥이'라고 불렸고
원숭이 같다고 놀림을 당했으며 '양키'라는 비난을
받았다.(당시에는 그것이 비난인지도 몰랐다.)"라고
말했다.

케라 워커의 가장 유명한 작품은 흰 바탕에
검은 실루엣을 그리거나 오려 붙인 것들인데, 그중
상당수가 보는 사람을 문자 그대로 360도 둘러싸는
형식을 취한다. 어느 순간 이야기책 삽화를 연상시키는
이미지가 보이다가도 바로 다음 순간 지독히 폭력적인
이미지가 나타난다. 앞에서 언급한 작품에 대한 논란을
되돌아보며 워커는 말했다. "그 작품은 곧 저이기도

---

*   '역사의 활은 정의를 향해 휜다.'는 버락 오바마 대통령이 노예
    폐지론자 시어도어 파커와 마틴 루터 킹 목사의 연설 내용을 살
    짝 비틀어 인용한 표현이기도 하다.

합니다. 그 작품이 비난받아 마땅하다면, 그건 저의
비난받아 마땅한 부분에서 나온 거겠죠. 저는 그냥
제가 하던 대로 할 것입니다. 달리 제가 무엇을 할 수
있을까요?"

# 루이자 메이 올컷

1832년, 미국
축일: 11월 29일

**작가의
수호성인**

　　　몇 주에 한 번씩 그녀는 방에 틀어박혀 작업복을 입고,
그녀의 표현을 빌리자면 '소용돌이 속에 빠져' 혼신의 힘을
다해 소설을 쓰곤 했다. 소설을 끝마칠 때까지는 어떤 안식도
찾을 수 없었기 때문이다.

　　　여기서 '그녀'는 루이자 메이 올컷의 가장
사랑받는 소설 『작은 아씨들』의 주인공 조 마치이지만,
이것은 또한 저자 자신에 대한 이야기일 수도 있다.
조처럼 올컷은 집에서 네 자매 중 둘째였고 제일
말괄량이였다. 조의 글쓰기에 대한 올컷의 묘사는
저자의 자기인식뿐 아니라 작품을 쓸 때 그녀의
고심과 노력을 엿볼 수 있게 해 준다. "스파르타식의
단호함으로, 그 젊은 작가는 초고를 책상 위에 올려놓고
괴물처럼 가차 없이 난도질했다. 모두를 만족시키고
싶은 마음에 모두의 조언을 받아들였고…… 그러나

Louisa May
Alcott

누구도 만족시키기 못했다." 다른 누구보다 자신을 만족시키는 법을 배우는 것은 극히 소수의 여성만이 누릴 수 있는 특권이었다. 훗날 올컷은 첫 번째 소설 『변덕(Moods)』이 출판되었을 때 "출판사의 취향과 편의에 맞추기 위해 너무 많이 뜯어고쳐서 이야기의 원래 의도가 보이지 않았다."라고 썼다. 올컷과 등장인물의 유사성보다 더 주목할 것은 그들의 차이점이다. 조는 스물다섯 살에 결혼해 두 자녀를 둔다.(이 내용은 '작은 신사들'에 관한 두 권의 속편으로 이어진다.) 올컷은 20대에 《애틀랜틱 먼슬리》에 작품을 발표하기 시작했다. 남북전쟁 중에는 북군 병원의 간호사로 일하면서 자신의 경험을 기록하여 노예제 반대 신문에 싣기도 했다. 그녀는 평생 결혼하지 않고 죽은 여동생의 딸을 데려다 키웠다.(그녀의 이름도 루이자였다.) 그리고 거의 20년 만인 1882년에 자신의 첫 번째 소설로 돌아가서 삭제했던 부분들을 다시 되돌려 놓았다. 올컷은 결국 자신이 원하는 결말을 만들었다.

Shirley
Chisholm

# 셜리 치좀

**1924년, 미국**
**축일: 11월 30일**

## 선구자의
## 수호성인

"셜리 치좀! 여기서 뭐 하는 겁니까?"

1972년 5월, 메릴랜드의 한 병실. 저격으로 총상을
입은 유력한 대통령 후보 조지 월리스가 방금 다섯
시간에 걸친 수술을 받은 뒤 입원해 있었다.(가슴과
배에 네 발을 맞았는데 그중 한 발이 척추에 박혀 그는
평생 불구의 몸이 된다.) 월리스가 비록 민주당 대통령
후보 경선에서 자신의 맞수였음에도 불구하고, 그가
비록 앨라배마 주지사로 있던 시절 '오늘도 인종
분리, 내일도 인종 분리, 영원히 인종 분리'를 선언한
사람이었음에도 불구하고, 그리고 그녀가 비록
브루클린 출신의 흑인 여성임에도 불구하고, 셜리
치좀은 그곳에 나타났다. 치좀은 평생을 앞에 나섰다.
미국 의회에 최초로 선출된 흑인 여성으로서(그녀는
의회에서 일곱 번의 임기를 지냈다.) 그리고 대통령
후보로 출마한 최초의 흑인 여성으로서('매수되지도,

회유되지도 않는'이라는 슬로건으로 유명하다.), 아동
복지를 위해, 실업자와 소외받은 사람들을 위해
앞에 나섰다. 그녀는 자신이 대통령 경선 후보자로
기억되기를 원치 않는다고 종종 말했다. 그녀는 자신이
이길 수 없다는 것을 알았다. "저는 누군가는 먼저 해야
할 일이기 때문에 출마한 겁니다." 그녀가 설명했다.
그날 병원에서 윌리스는 물었다. "당신 쪽 사람들이
뭐라고 하겠어요?" 실제로 그날 그의 곁에 있었던 것
때문에 그녀는 여론 조사에서 큰 대가를 치러야 했다.
그러나 치좀은 상관하지 않았고, 윌리스에게 이렇게
말했다. "그들이 뭐라고 말할지 알아요. 하지만 당신이
당한 일은 누구도 당해선 안 되는 일입니다."

# 그림케 자매

**1792년, 1805년, 미국**
**축일: 12월 4일**

## 평등의
## 수호성인

1858년 5월 앤절리나 그림케가 필라델피아의 한 회당에서 군중들에게 연설을 하는 동안, 회당 밖에서는 폭도들이 모여 시위를 벌이고 있었다. 그들은 곧 돌을 던져 창문을 부쉈다. 그때 그녀의 언니 세라가 말했다. "우리는 밖에서 나는 저 목소리에 따뜻한 연민을 느껴야 합니다. 현혹된 자들! 저들은 지금 스스로 자신의 권리와 행복을 일시적, 영구적으로 침해하고 있다는 사실을 알지 못합니다." 앤절리나와 세라 자매는 그것을 알았다. 그들은 100명 이상의 노예를 소유한 부유한 가정에서 태어났다. 어린 시절 세라는 오빠들의 교육에 비해 자신이 받는 제한된 교육에 좌절감을 느꼈고, 자기 가족의 손에 채찍질을 당하는 노예들을 보고 경악했다. 그녀는 북부로 도망쳤다가 나중에 동생 때문에 돌아왔고, 두 자매는 노예제 폐지를 위해 평생을 바쳤다. "남부 사람으로서 저는 오늘 밤

The Grimké
Sisters

이곳에 서서 노예제에 반대하는 증언을 하는 것이 제 의무라고 느낍니다……. 저는 오랜 세월 동안 인간을 타락시키는 노예제의 영향과 그것이 인간의 행복에 미치는 파괴력을 목격했습니다." 앤절리나는 그날 필라델피아에서 말했다. "저는 행복한 노예를 한 번도 본 적이 없습니다. 노예가 사슬에 묶인 채 춤추는 것을 본 적은 있죠. 그건 사실입니다. 그러나 그는 행복한 것이 아니었습니다."

Grace
Hopper

# 그레이스 호퍼

1906년, 미국
축일: 12월 9일

## 프로그래머의
## 수호성인

　　그레이스 호퍼가 찍힌 사진 중 하나는 마치 어린
시절에 찍은 학급 단체 사진처럼 보인다. 뒷줄에 다섯
명이 나란히 서 있고 앞줄에 다섯 명이 앉아 있다. 이
사진에 찍힌 사람들은 모두 미국 해군 제복을 입은
어른들이다. 때는 1944년이었고 이들은 '하버드 마크 I'
의 연구팀이었다. '하버드 마크 I'은 IBM 자동 순차
제어 계산기, 다시 말해 크기가 방만 한 컴퓨터였다.
그것은 그들 뒤에, 사진 프레임을 한참 벗어나는
곳까지 뻗어 있다. 사진에 찍힌 사람들 중에 무릎
위에 두 손을 포개고 앉아 있는 단 한 명의 여자가
보인다. 그녀는 바지가 아닌 치마 군복 차림으로
누구보다 침울한 표정으로 카메라 렌즈에 시선을
고정하고 있다. 그레이스 호퍼는 동기 중에 I등으로
교육 과정을 마치고 중위로 임관한 뒤 프로젝트에
참가했다. 그녀는 진주만 공격 후에 해군 예비군에

자원했는데, 입대하기에는 나이가 많은 데다(35세) 체중 미달이어서(약47킬로그램) 가까스로 입대할 수 있었다.(그녀는 이례적으로 긴 경력을 해군 제독으로 끝낸다.) 당시 그녀는 연구팀 동료들에게 환영받지 못했다. 그녀는 이렇게 회상했다. "나중에 알게 된 사실인데, 동료들이 내 옆 책상에 앉지 않으려고 서로에게 뇌물을 주려고 했다더군요." 그러나 어린 시절부터 기계 장치를 살펴보려고 시계를 분해했던 호퍼는 빠르게 배웠고, 결국 지시 내용을 기계 코드로 변환할 수 있는 최초의 컴파일러를 개발하고 프로그래밍에 인간의 언어를 이용하는 방법을 개척함으로써 기계 코드를 모르는 사람들에게 프로그래밍의 길을 열어 주었다. 2016년 오바마 대통령은 호퍼의 사후에 대통령자유훈장을 수여하며 이렇게 말했다. "비행기 하면 라이트, 전기 하면 에디슨, 코드 하면 호퍼지요."

# 엘라 베이커

**1903년, 미국**
**축일: 12월 13일**

## 민권의
## 수호성인

기억하십시오. 우리는 흑인의 자유를 위해 싸우는 게
아니라 인간 정신의 자유를 위해, 모든 인류를 아우르는 더 큰
자유를 위해 싸운다는 것을요.  **엘라 베이커**


국가적으로 엘라 베이커를 기념하는 날은
따로 없고 미국 표준 달력에 그녀의 이름이
표시되어 있지도 않다. 그러나 어차피 베이커가
딱히 그런 관심을 원했을 것 같지도 않다. 졸업생
대표로 졸업한 베이커는 비폭력학생협력위원회와
전미유색인지위향상협회(NAACP)에서 중요한 역할을
맡았다. 특히 NAACP에서는 지부장까지 맡아 여성
중에 가장 높은 지위에 올랐다. 1957년 마틴 루터 킹
주니어 박사는 베이커에게 남부기독교지도자회의의
상임이사를 맡아 달라고 제안했다. 베이커는 그 제안을
수락했지만, 어떤 지도자건 운동에서 너무 중심이 되는

Ella
Baker

것에는 여전히 회의적이었다. "솔직히 말하면, 마틴이 운동을 만들기보다 운동이 마틴을 만드는 것이 옳다고 생각합니다." 한 인터뷰에서 그녀가 말했다. "그분에 대한 신뢰를 떨어뜨리려는 게 아닙니다. 그냥 제 생각이 그렇다는 겁니다." 베이커 자신은 집단 중심의 지도력을 주장하며 풀뿌리 차원의 조직에 집중했다. 그녀는 흑인들의 투표인 등록을 돕고, 궁극적으로 백인으로만 이루어진 미시시피 민주당에 대한 대안으로 미시시피 자유민주당을 공동 결성했다. 그녀는 투표가 자유를 위한 열쇠라고 믿었다. "아마 텔레비전에서 저를 보거나 저에 관한 신문 기사를 읽지 못하셨을 겁니다." 그녀가 말했다. "제가 맡고자 한 역할은 조직의 일부가 되기를 원하는 조각들을 모으거나 조립하는 것이었습니다. 저의 이론은 강한 민중은 강한 지도자를 필요로 하지 않는다는 것입니다."

Faith Spotted
Eagle

# 페이스 스파티드 이글

**1948년, 미국/양크턴 수 족**

**축일: 12월 19일**

**활동가의
수호성인**

　　2016년 미국 대통령 선거가 있고 6주 뒤 미국
수정 헌법 제12조에 따라 간접 선거에서 투표한
538명의 선거인단에게 새삼스럽게 관심이 쏠렸다.
2016년 12월 19일에 선거인단 중 여섯 명이 자신의
주에서 투표하기로 약속한 대통령 후보에게 투표하지
않고 이른바 '배신표'를 던진 것이다. 과거의 통계를
볼 때 후보자가 사망한 경우를 제외하면 나오기 힘든
역사적인 수치였다. 그중 한 표는 워싱턴 주에 거주하는
선거인이 아메리카 원주민 페이스 스파티드 이글에게
던진 것이었다. 이것은 미국 역사상 원주민이 대통령
투표에서 선거인단의 표를 얻은 최초의 사례이자,
힐러리 클린턴과 함께 여성이 선거인단의 표를 얻은
첫 번째 사례였다. "난 그게 가짜 뉴스인줄 알았어요."
스파티드 이글은 나중에 기자에게 말했다. "내가
딸에게 '진짜니?'하고 물었더니, 그애가 그런 것
같다고 대답하더군요." 스파티드 이글은 베트남전

반대 시위에 참가하고 최초의 아메리카 원주민 여성 보호 시설의 설립을 돕는 등 활동가로서의 이력을 갖고 있다. 지금 그녀는 현명한 '할머니'로서 그들의 신성한 땅을 관통해 하루에 약 50만 배럴의 원유를 운반하려는 다코타 송유관 건설에 반대하는 운동을 성공적으로 이끌고 있다. CNN에서 그녀는 송유관 건설 계획을 알링턴 국립묘지를 통과하는 송유관 건설에 비유했다. 또한 시위 캠프에서 보낸 시간을 언급하며 이렇게 말했다. "내가 생각할 때 그것은 민족 공동체의 부활이고, 여기 있는 젊은이들은 모두 언젠가는 이렇게 캠프에 살게 될 것이라는 꿈을 꾸고 있는 것 같아요. 노인들에게 강가에 살던 이야기를 들었기 때문이죠……. 그들은 지금 그 꿈을 실현하고 있는 겁니다."

# 마거릿 해밀턴

**1936년, 미국**
**축일: 12월 21일**

## 공학자의
## 수호성인

　　원래는 남편이 법과 대학원을 졸업할 때까지
살림에 보탬이 될까 싶어서 시작한 일이었다. 어린 딸은
실험실로 데려가야 했다. 때는 1960년이었고, MIT에서
일하는 그녀의 동료들은 대부분 남자였다.(그들은
아이를 직장에 데려오지 않았다.) 그들의 팀은
최초의 휴대용 컴퓨터를 코딩하는 임무를 맡았다.
학력이라고는 수학 학사 학위가 전부인 해밀턴은 문제
해결자로서 두각을 나타냈고, 곧 NASA는 그녀에게
손을 내밀었다. 1965년까지 그녀는 아폴로 호 컴퓨터에
탑재하는 모든 비행 소프트웨어를 책임졌다. 야간과
주말에는 여전히 딸 로런을 실험실로 데려왔다. 로런은
키보드를 만지작거리다가 명령어 시뮬레이터의 오류를
일으킴으로써 해밀턴에게 당시에 아무도 필요하다고
생각하지 않았던 오류 검사 코드를 소프트웨어에
추가하도록 영감을 주었다. 아폴로 8호가 비행을

Margaret
Hamilton

시작한 지 닷새 만에 한 우주비행사가 실수로 로런과 똑같은 오류를 일으켰다. 우주선이 지구로 무사 귀환한 것은 해밀튼의 코드 덕분이었다. 해밀턴은 이렇게 말했다. "돌이켜 보면 우리는 세상에서 가장 운 좋은 사람들이었어요. 개척자가 되는 것 외에 선택의 여지가 없었어요. 초심자가 될 시간은 없었죠."

Louise
Bourgeois

# 루이즈 부르주아

**1911년, 프랑스**
**축일: 12월 25일**

## 아방가르드의
## 수호성인

　　하느님은 엿새를 일하고 일곱 번째 날은 쉬셨다.
90대의 루이즈 부르주아는 엿새를 일하고 일곱 번째
날에는 집에서 모임을 열고 젊은 예술가들의 작품을
비평했다. 이 모임은 참가자들 사이에서 '살벌한
일요일'이었다. 부르주아는 인정사정없었다. 어느 날
모임에서 점토로 어떤 형체를 빚으면서, 그녀는 자신이
애초에 회화에서 조각으로 분야를 옮기게 된 배경을
설명했다. "누군가 회화에서 이쪽으로 옮긴다면 그가
공격적인 사고를 갖고 있음을 뜻해요⋯⋯. 조각은
내가 전에는 민망해서 표현하지 못했던 것들을 표현할
수 있게 해 줬어요." 그 순간 그녀가 손에 쥐고 있던
점토 형체의 목을 비틀었다. 그녀에게 신랄한 면이
있었던 것은 사실이지만, 부르주아의 작품에서 가장
파격적이고 괴팍한 요소들은 어린 시절과 연관되어
있다. 아버지의 불륜과 음울한 성 관념은 그녀로

281

하여금 자신이 취약한 존재임을 느끼게 했다. 1968년에 그녀는 60여 센티미터 길이의 라텍스 남근을 만들고, 프랑스어로 '소녀'를 뜻하는 「피예트(Fillette)」라는 제목을 붙였다. 또한 그것을 마치 핸드백처럼 겨드랑이에 끼고 사진가 로버트 메이플소프 앞에서 포즈를 취하기도 했다. 그녀의 가장 상징적인 작품들 중 하나는 영국 테이트 모던 미술관에서 처음 전시된 청동과 스테인리스스틸, 대리석으로 만든 약 10미터 크기의 인상적인 거미인데, 그녀는 그 작품에 '엄마'를 뜻하는 「마망(Maman)」이라는 제목을 붙였다. 그녀는 말했다. "거미는 모기를 잡아먹는 우호적인 존재예요. 알다시피 모기는 사방에 질병을 퍼뜨리는 달갑잖은 불청객이잖아요. 그러니 거미는 우리를 도와주고 보호해 주는 존재죠. 우리 어머니처럼 말이에요."

# 마를레네 디트리히

**1901년, 독일**
**축일: 12월 31일**

## 자유 행동의
## 수호성인

그녀가 마이크에 대고 무엇이건 하고 싶은
말을 할 수 있는 시간은 딱 1분뿐이었다. 그녀는
북아프리카에서 미군 방송망(AFN)을 위해 라디오
방송을 하는 중이었다. 바로 직전에 나치 정부의
국가대중계몽선전부에 의해 금지곡으로 지정된 「릴리
마를렌」이라는, 전시에 유행한 노래를 불러 달라는
요청이 들어온 상태였다. 여기서 대본에서 벗어난
발언을 하면 즉시 저지당할 것이 뻔했다. 그래도
그녀는 계획대로 밀어붙이기로 하고 재빨리 모국어인
독일어로 말했다. "우리의 청년들! 자신을 희생하지
마세요. 이 전쟁은 쓰레기고, 히틀러는 멍청입니다!"
아니나 다를까 아나운서가 그녀에게 마이크를
빼앗았다. 이것은 미군을 위한 방송이었다. 그렇지만
그녀는 독일군도 (CIA의 전신인) 미국 전략사무국의
심리전 부서에서 '비밀 정보 공작'을 위해 만든

Marlene
Dietrich

라디오 방송국을 통해 송출되는 방송을 들을 거라고
확신했다. 히틀러는 마를레네 디트리히가 독일을
위해 일해 주기를 원했었고, 나치 요원들은 그녀를
매수해서 할리우드에서 돌아오게 만들려 했다. 그러나
베를린에서 태어난, 「푸른 천사」와 「상하이 특급」의
스타는 1939년에 미국 시민이 되었고, 2차 세계대전이
발발하자 전쟁 채권 판매와 유대인 난민들을 위한
기금 조성을 위한 홍보에 나섰다. 또한 1943년에는
할리우드를 떠나 미국위문협회(USO)와 해외로
위문공연을 다녔다. 한 참전용사는 그녀가 나폴리에
있는 적십자 병원에 왔을 때를 회상했다. 병원 식당에서
공연을 한 뒤 그녀는 "일주일 동안 아침부터 저녁까지
가열 차게 병원 전체를 돌기 시작했다……. 당연한
얘기지만 나는 마를레네 디트리히의 열렬한 팬이
되었고, 그녀에 대한 기억으로 여전히 충실한 팬으로
남아 있다. 히틀러를 비웃고 그의 부름을 거부한 여성,
2차 세계대전 위문 활동에 혼신을 쏟은 여성의 팬으로
말이다." 한편 디트리히는 그때를 떠올리며 인생에서
'내가 한 일 중에 가장 중요한 일'이라고 말하곤 했다.

# 당신이 추천하는
# 페미니스트

이름
_____

출생연도와 국적
_____

_____의
수호성인

축일
_____

_____

_____

_____

_____

_____

_____

_____

_____

_____

_____

_____

_____

_____

# 감사의 글

언제나처럼 엘리즈 체니에게 고마움을 전하고 싶다. 또한 너무나 훌륭한 협력자였던 만지트 타프에게 감사하다. 만일 케이틀린 매켄나 같은 뛰어난 편집자가 없었다면 이 책은 존재하지 않았을 것이다. 그녀가 못할 일은 이 세상에 없을 것 같다. **줄리아 피어폰트**

나를 끝없이 지원해 준 엄마와 수업 중에 오랜 시간 나와 함께 그림을 그려 준 로라에게 감사를 보낸다. 또한 이 전체 과정을 완전한 꿈으로 만들어 준 케이틀린 매켄나와 눈을 뗄 수 없는 전기를 써 준 줄리아 피어폰트에게도 고마움을 표하고 싶다. 이 흥미로운 내용 덕에, 즐겁게 삽화를 그렸다. **만지트 타프**

아래의 모든 이들에게 큰 감사를 전합니다. 당신의 열정은 우리에게 커다란 감명을 주었습니다.

앨릭스 헨리, 앨릭스 곤도, 앨와 쿠퍼, 앤드라 밀러, 앤절라 맥넬리, 애나 피토니악, 애슐리 히턴, 벤 스타크, 벳시 코위, 브렌든 벡, 케이틀린 엔다이크, 캐럴라인 캘킨스, 케세이 셸원, 신디 슈피겔, 클라우디아 로스 피어폰트, 데인 고딩, 대리아 솔로몬,

데니스 앰브로즈, 에미 이칸다, 에리카 곤잘레스,
에리카 흐발, 그레이스 캘리스, 해늘로어 매켄나,
제인 짐머, 재닛 글래지어, 진 카베인, 젠 가르자, 제니퍼
라이스, 제니퍼 로드리게스, 니나 루하니, 제시카
헨더슨, 조시 브레흐너, 카일라 마이어스, 케일리
배런, 케이티 오카모토, 케슬리 티피, 린제이 앳킨스,
로런 노벡, 루시 실락, 매기 욜렌, 매트 버닛, 멜라니
드나르도, 마이클 매켄나, 미셸 재스민, 미카 가수가,
몰리 터핀, 모건 매켄나, 포샤 버크, 로빈 시프, 로버트
피어폰트, 사빈 짐머, 세라 베스, 세라 로크, 샤라냐
더바술라, 샤우나 숨머스, 세일라 로턴, 스티브 메시나,
수전 코코란, 수전 카밀, 테드 앨런, 토비 언스트,
트리시아 나르와니, 빅토리 마츠이, 빈센트 라 스칼라.

옮긴이 정해영

성균관대학교 불어불문학과와 이화여자대학교 통역대학원을 졸업하고
현재 전문 번역가로 활동 중이다. 옮긴 책으로 『곰과 함께』,
『올드 오스트레일리아』, 『비틀보이』, 『세기의 소설, 레미제라블』,
『빌리 엘리어트』, 『리버 보이』, 『하버드 문학 강의』, 『몸 사냥꾼』,
『반자본주의』, 『사랑에 빠진 단테』, 『이 폐허를 응시하라』,
『인류학 — 하룻밤의 지식여행 22』, 『사드 — 하룻밤의 지식여행 27』,
『암컷은 언제나 옳다』, 『멍때리기』, 『에이전시』, 『내 귀에 바벨 피시』,
『회계는 어떻게 역사를 지배해 왔는가』 등이 있다.

페미니스트 99
세상을 바꾼 위대한 여성들의 인명사전

| | |
|---|---|
| 1판 1쇄 찍음 | 2018년 9월 7일 |
| 1판 1쇄 펴냄 | 2018년 9월 17일 |

| | |
|---|---|
| 지은이 | 줄리아 피어폰트 |
| 그린이 | 만지트 타프 |
| 옮긴이 | 정해영 |
| 발행인 | 박근섭 박상준 |
| 펴낸곳 | (주)민음사 |

| | |
|---|---|
| 출판등록 | 1966. 5. 19. 제16-490호 |
| 주소 | 서울시 강남구 도산대로1길 62(신사동) |
| | 강남출판문화센터 5층(06027) |
| 대표전화 | 515-2000 | 팩시밀리  515-2007 |
| 홈페이지 | www.minumsa.com |

ISBN 978-89-374-3879-0 03330